Aufsehen zu Jesus

Aufsehen zu Jesus

Jesus Christus durch Glauben betrachten

Tim McManigle

Titel der amerikanischen Originalausgabe: Looking unto Jesus
Copyright ©2010 by Tim McManigle, Virginia, USA. All rights reserved.
Copyright ©2020 deutschsprachige Ausgabe Martina Heinig
Aus dem Amerikanischen übertragen von Martina Heinig
Mit freundlicher Genehmigung durch Scott McManigle
Zitate nach dem Text der Revidierten Elberfelder Übersetzung 2003

Herstellung und Verlag: BoD – Books on Demand, Norderstedt

ISBN: 9783751955423

Inhaltsverzeichnis

Kapitel 1
Aufsehen zu Jesus
„Der Inhalt des Lebens"

In diesem Buch werden wir uns mit einer Aussage beschäftigen, drei kleinen Worten, die in **Hebräer 12.2** geschrieben stehen: **„Aufsehen zu Jesus".**

A. Gott sehnt sich nach uns

- Gott sehnt sich danach, dass wir Ihn persönlich kennen und eine tiefe, dauerhafte Beziehung mit Ihm haben. Das bedeutet: Ihn würdigen und anerkennen, Ihm zugeneigt sein, sich gedanklich mit ihm beschäftigen, Ihm vertrauen, in Ihm ruhen, sich auf Ihn verlassen und in Seiner Gegenwart sein **(Hiob 22,21).**

- Theologen haben im 17. Jahrhundert das Westminster Glaubensbekenntnis ins Leben gerufen und beantworteten die Frage, „was das oberste Ziel menschlichen Lebens sei" folgendermaßen:

„Das höchste Ziel des Lebens ist, Gott zu verherrlichen und sich ständig an Ihm zu erfreuen."

- In **Offenbarung 4,11** lesen wir, dass Gott alles zu Seinem Wohlgefallen erschaffen hat, einschließlich uns **(Psalm 149,4)** und Er freut sich, wenn wir eine persönliche Beziehung mit Ihm haben. Wie kann jemand diese Beziehung zu Gott aufbauen und weiterentwickeln? Die Bibel ist darin sehr klar, alles beginnt mit Ihm und damit, was Er getan hat (**2. Petrus 1,3**) und was Er tut (**Offenbarung 3,20**). In **Johannes 17,18 und 20-21** erklärt Gott Seinen Wunsch nach Gemeinschaft mit uns. Wie wir aus diesen beiden Schriftstellen erkennen können, möchte Gott mit jedem seiner Kinder dieselbe Gemeinschaft haben wie mit Jesus, als Er noch auf der Erde und mitten unter uns war. Jesus hatte zu keinem Zeitpunkt die Verbindung mit dem Vater verloren. Er bestätigte Ihn, Er verließ sich auf Ihn und Er erfreute Ihn.

B. Das Christentum ist keine Religion, sondern eine Beziehung

- Das Christentum ist keine Religion in der sich jemand nach Gott ausstreckt und versucht, einen heiligen und gerechten Gott zu besänftigen und Ihm zu gefallen, sondern eine Beziehung, welche von Gott ausgeht und die Er sich sehnlichst wünscht.

C. Christen in Schwierigkeiten

- Viele Christen haben zahlreiche Sorgen, Ängste, Stress und bemühen sich, ein heiliges und gerechtes Leben zu führen nur um dann festzustellen, dass ihnen das nicht gelingt. Die Bibel erwähnt das sehr deutlich: Es gelingt uns nicht, weil wir keine tiefe, bleibende **Beziehung** zu Gott haben (**Jesaja 26,3**) und weil wir Gott nicht wirklich **kennen** (**Jesaja 1,2-3**).
- **Wie kann man Gott wirklich kennen? Sprüche 24, 3-4** hilft uns dabei den Prozess zu verstehen. *„Durch Weisheit wird ein Haus gebaut, und durch Verstand wird es befestigt; und durch Erkenntnis füllen sich die Kammern mit allerlei kostbaren und angenehmen Gütern.“*
- Dazu wollen wir uns eine sehr interessante Schriftstelle in **Johannes 17,3** anschauen: Gott definiert ewiges Leben

nicht als eine Zeitspanne, sondern als eine wahre **Erkenntnis** Seiner selbst.

D. Zusammenfassung

„Aufsehen zu Jesus" besteht aus zwei wichtigen Aspekten:

1. Das Christentum ist keine Religion, sondern eine Beziehung **(Offenbarung 2,1-4)**. Darum ist es wichtig nichts von Gottes Wesen wegzulassen. Ohne einer von Gott geschenkten Offenbarung von Ihm selbst ist es unmöglich Ihn zu kennen und eine tiefe, intime Beziehung mit Ihm zu haben. Eine bedeutsame Tatsache des Christentums ist, dass Gott durch Seinen Sohn Jesus Christus allen Menschen eine umfassende Offenbarung von sich selbst gegeben hat: Wer mich gesehen hat, der hat den Vater gesehen **(Johannes 14,7-9; Kolosser 1,15; Hebräer 1,1-3)**.

   Zusammenfassend lässt sich sagen: Wir kennen Gott, wenn wir „Aufsehen zu Jesus" (Johannes 10.30).

2. Wir werden zu dem, worauf wir unsere Aufmerksamkeit richten. Wenn wir die Welt betrachten, dann werden wir weltlicher und wenn wir auf Jesus schauen, werden wir wie Er: Nicht mehr lebe ich, sondern Christus lebt in mir **(Galater 2,20)**.

   Zusammenfassend lässt sich sagen: Wir können eine Christus-ähnliche Beziehung mit Gott haben, wenn wir „Aufsehen zu Jesus" (2. Korinther 3,18).

- *„Jesus lebt nicht nur in uns, Er selbst wird zu unserem Vorbild. Die Forderung des Gesetzes, Gehorsam zu sein und Regeln zu befolgen ist nicht mehr unser Motiv. Dies alles wurde völlig **von einer Person verdrängt:** Der Sohn Gottes liebt mich und Er selbst gab Sein Leben für mich hin. Künftig hat die Seele ein neues Zentrum und eine neue Quelle; sie ist nicht mehr Selbst-zentriert, sondern **Christus-zentriert**."* C.A. Coates

E. Welchen Weg wählen wir?

- Es gibt keine größere Täuschung als die, davon überzeugt zu sein, für Gott zu leben, aber in Wahrheit nur an Seinen Segnungen interessiert zu sein. Das ist der „alte Weg": Wir glauben unsere Aufgabe sei es, richtig und gut zu beten, moralisch korrekt zu leben und aufrichtig zu lieben und es sei Gottes Aufgabe, uns dafür mit einem lang ersehnten Segen zu belohnen. Auf diesem alten Weg wird Demut zu einem taktischen Manöver. Wenn die Methode funktioniert, sind wir mit unserer Demut zufrieden ... Wir haben Anteil an der Herrlichkeit ... Wir haben es geschafft (Demut) und Gott hat es gesegnet ... Was für ein Team! Doch damit machen wir uns nur etwas vor.

  Gott hat die Welt so gemacht, dass all unsere mühsamen Gartenarbeiten nicht dazu führen werden, all das Unkraut loszuwerden. Der Engel mit dem flammenden Schwert hindert uns nach Eden zurückzukehren wenn wir versuchen, die alten Wege zu beschreiten und wir den Anspruch erheben, lediglich biblischen Prinzipien folgen zu müssen um die gewünschten Segnungen zu bekommen. **Nichts was wir auch tun, garantiert uns den Segen, den wir uns wünschen.** Es stimmt, dass gute Eltern öfters gute Kinder haben als schlechte Eltern, aber eben nicht immer.

Nichts was wir tun, trägt dazu bei, dass etwas geschieht. So oft hören wir, dass Gott unser Leben segnen möchte, doch damit befinden wir uns auf dem alten Weg und werden von unserem eigenen Fleisch getäuscht. **Der Segen, den Gott uns geben möchte, ist Er selbst.** Die Täuschung jedoch verwirrt uns und bringt uns unter Druck. „War ich als Ehemann nicht gut genug? Hat sie mich deshalb verlassen? Wir haben uns so angestrengt gute Eltern zu sein." Das schwächt unser Gottesbild. Wir folgern daraus, entweder nicht gut genug zu sein oder Gott habe die Kontrolle verloren (die Sache mit dem Feindbild). Ein Leben nach der alten Methode fördert nicht die Hingabe an Gott, wir machen Gott sogar von uns abhängig. Geplatzte Träume können sehr schmerzhaft sein und dazu führen, dass wir jetzt den alten Weg wieder verlassen und uns neu an Gott wenden um in Seiner Souveränität zur Ruhe zu kommen. Nur wenn uns Christus ganz besitzt und uns die bessere Hoffnung der Vertrautheit mit Ihm ganz ausfüllt, werden wir eine Freude entdecken, die wir erstrebenswerter finden als alles andere, was uns die Welt bieten könnte.

Kapitel 2
Aufsehen zu Jesus
„Vier Phasen des christlichen Lebens – Teil 1"

A. Paulus nahm sich vor, nichts anderes zu wissen, als nur Jesus Christus und Ihn als gekreuzigt

- **1. Korinther 2,1-2**: Wenn wir auf andere Christen schauen um ihnen beispielhaft zu folgen, werden wir schon bald von dem niedrigen Standard enttäuscht sein. Wir müssen verstehen, dass „Aufsehen zu Jesus" nicht bedeutet, Sein Leben zu studieren um dann zu versuchen, es ihm nachzumachen. Wenn wir auf Jesus schauen um Ihm beispielhaft zu folgen, werden wir von Seinem hohen Standard enttäuscht sein. Darum ist es von grundsätzlicher *Bedeutung zu verstehen, dass Jesus Christus kein Vorbild* für uns ist um Ihn zu imitieren, eine Imitation ist eine Fälschung, sondern dass Er die Quelle des Lebens sein möchte, aus der heraus wir wachsen können **(Kolosser 3,4:** *Geistliches Leben fließt aus Christus.* **1. Timotheus 3,16:** *Groß ist das Geheimnis der Gottseligkeit (Göttlichkeit))*.

B. Ein Bild aus dem Alten Testament - Eine schöne, aber unfruchtbare Stadt

- **2. Könige 2,19:** Hier gab es eine schöne Stadt, aber hinter der äußeren Schönheit verbarg sich Unfruchtbarkeit.
- Wenn es heißt, dass das Wasser schlecht war, bedeutet das nicht, dass es kein Wasser gab, sondern dass es abgestanden war.
- Und wenn es heißt, dass der Boden unfruchtbar war, bedeutet das nicht, dass er nichts hervorgebracht hat.

Denn sonst wäre die Stadt nicht so schön gewesen. Das Wort unfruchtbar bedeutet hier scheitern, misslingen.

- Bedenken wir einmal das Folgende: Im Frühjahr wächst alles wunderschön und keimt, aber gerade dann, wenn die Frucht reift, fällt sie zu Boden und verdirbt. Das war der Kummer, die Fehlgeburt dieser trügerischen, schönen Stadt und gleichzeitig veranschaulicht sie bildhaft den Zustand vieler Christen heutzutage.

- Es sind gute Menschen und sie reden über christliche Dinge. Inwendig jedoch sind sie von einem Gefühl der Niederlage überwältigt, sind frustriert, fühlen sich nutzlos, ihr Leben bleibt fruchtleer. Äußerlich sieht man ihnen das nicht an.

- Sie lächeln freundlich, schütteln einem die Hand und sagen, „Der Herr segne dich". Von außen betrachtet sieht alles gut aus aber nur sie selbst wissen, wie es ihnen wirklich geht und dass sie viele Jahre umsonst gearbeitet haben.

- Die Früchte, die die anderen gesehen haben, sind auf den Boden gefallen. **Johannes 15,6**: *„Wenn jemand nicht in mir bleibt, so wird er hinausgeworfen wie die Rebe und verdorrt."*

- In jeder Gemeinde gibt es Geschichten von Christen, die aus einem Pflichtgefühl heraus und mit ganzer Kraft die sie aufbringen konnten, dem Herrn in Liebe und mit Hingabe gedient haben und als die Jahre vergingen, sind sie dabei müde geworden, fühlten zunehmend eine innere Leere, sind fruchtlos geblieben und vertrockneten **(Offenbarung 2,1-5)**.

C. Unsere Wege sind nicht Gottes Wege

- Es ist interessant zu sehen, wie viele unterschiedliche Wege Christen ausprobieren um das leere, fruchtlose Leben in der Wüste zu überwinden. Einige dieser Wege sind mehr Gebet, öfter und länger fasten, Jesus noch intensiver zu bezeugen und mehr Verantwortung zu übernehmen. Ein weiterer Favorit ist, mehr Zeit in Gottes Wort zu investieren.

- Das sind alles gute Dinge, aber nicht Gottes Wege. <u>**Gottes Weg ist nicht uns stärker und unabhängiger zu machen, sondern schwächer und abhängiger von Ihm und bedürftiger.**</u>

- Das folgende Zitat verdeutlicht das:
  „Der Heilige Geist kennt den effektivsten Weg jeglichen Lebens um reifer zu werden und uns in eine tiefere Beziehung mit Ihm hineinzuführen. Einige Gläubige leiden an diversen finanziellen Verlusten und die anhaltende Not die daraus folgt, nutzt Er, um sie zurück zum Kreuz zu führen wo die Selbstliebe gekreuzigt wird und ihre wahre Bedürftigkeit zum Vorschein kommt. Einige erfahren anhaltende körperliche Gebrechen, Schwäche, Krankheit und der Heilige Geist führt sie zur Wahrheit ihrer Kreuzigung zurück, damit ihr Eigenwille stirbt, ihre Eigenständigkeit und ihr Selbstmitleid. Andere haben soziale Probleme mit Freunden und Verwandten die Er dazu nutzt, um sie zu dem Ort der Abhängigkeit von den vollbrachten Werken von Christus zu führen. Ob zuhause, in der Schule, bei der Arbeit oder in der Gemeinde, Er bringt uns in Situationen oder führt uns zu Leuten, die ein Dorn in unserem Fleisch sind und bringt uns schmerzhaft dazu, unseren Glauben in Ihm zu perfektionieren. Er platziert die feinen Menschen bei den groben, die methodischen bei den chaotischen, die

schnellen bei den langsamen, die glänzenden bei den matten, die geistlichen bei den weltlichen. Zwangsläufig reiben wir uns dabei aneinander. Der Herr jedoch gebraucht solche Situationen, damit beide einen großen geistlichen Nutzen daraus ziehen. Würde Er uns zum Training nicht absichtlich in solche, für uns natürlich unerwünschte Situationen bringen, würde Er Versuchungen nutzen, in die wir uns selbst, durch unseren Eigenwillen, unseren Selbstschutz, unser Selbstvertrauen, unsere Selbstgefälligkeit hineingebracht haben und daran gescheitert sind, Ihm zu vertrauen und sich auf Ihn zu verlassen.

Möglicherweise sind einige Ehepaare in ihrer Beziehung zueinander in ähnlichen Situationen, oder mit ihren Kindern oder ihren Arbeitskollegen. Versuche erst gar nicht die Umstände zu verändern. Blicke auf den Herrn und mache dir, durch Glauben, Seine vollendeten Werke zu eigen (in Besitz nehmen). Er nahm uns aus Adam heraus und platzierte uns in Christus hinein – nun haben wir eine neue Position in Christus.

Positionell haben wir unsere Lebensquelle gewechselt, weg von uns selbst und zu Christus hin.

Deine gegenwärtigen Schwierigkeiten haben die eigentliche Bedeutung, dich in den Tod hineinzubringen damit Er das Leben vom Herrn Jesus in dir ausformen und dich in eine tiefere Beziehung mit Ihm hineinziehen kann." **(Römer 8,28,29)** Verfasser unbekannt.

Dazu noch ein interessantes Zitat:

„Jesus befreit uns nicht von der Prüfung. Der alte Weg hatte die Bedeutung, Leute in den Ofen zu werfen und dabei sind

sie nicht verbrannt; sie wurden in die Löwengrube geworfen, wurden aber nicht gefressen; jetzt aber werden wir in den Ofen geworfen und verbrennen, die Löwen fressen uns. Es gibt keine Kraft mehr für uns, sondern die Kraft ist in uns **(Christus in euch, die Hoffnung der Herrlichkeit (Kolosser 1,27)).** Für viele Christen ist das ein Hindernis: sie halten Ausschau nach leichteren Umständen und bitten den Vater, Schwierigkeiten aus dem Weg zu räumen, anstatt dass sie auf Ihn schauen um die Gnade zum Durchhalten zu empfangen, die Gnade um sich über die Umstände zu erheben, der Gnade, um über den Schwierigkeiten zu stehen" (Beziehung). Verfasser unbekannt.

D. Gottes Weg

- Wir gehen noch einmal zurück zu **2. Könige 2** und wollen uns dabei Gottes Lösung für ein leeres, abgestandenes, stagnierendes, unfruchtbares Leben anschauen. **2. Könige 2, 20-22**: Elisa's Lösung war Salz auf der Quelle.
- Im Alten Testament ist Salz ein zukünftiges Bild vom auferstandenen Herrn Jesus Christus. Wie lautet Gottes Antwort auf ein leeres, abgestandenes, stagnierendes, und unfruchtbares Leben? *Jesus Christus*. **Johannes 15, 4:** „Bleibt in mir und ich in euch! Wie die Rebe nicht von sich selbst Frucht bringen kann, sie bleibe denn am Weinstock, so auch ihr nicht, ihr bleibt denn in mir." **Psalm 42,5:** „Daran will ich denken und vor mir ausschütten meine Seele, wie ich einher zog, in der Schar sie führte zum Haus Gottes, mit Klang des Jubels und Dankes - ein feierlicher Aufzug".
Was ist gerade dein Problem? Finanzen, Ehe, Gesundheit? Wo ist Jesus in all dem?

- Er starb nicht nur, um uns von der Finsternis zu befreien und in den Himmel hineinzuführen: *Er kam um uns Leben zu schenken, überfließendes Leben* (Johannes 10, 10).

E. Nach Gott hungern und dürsten

- Heutzutage hören wir in christlichen Kreisen kaum noch etwas über die Wichtigkeit **„mit Gott Zeit zu verbringen und sich an Seiner Gegenwart zu erfreuen".** Nur wenn wir die Seiten in der Bibel zurückblättern werden wir uns des Mangels bewusst, **„Zeit mit Gott zu verbringen".**
- Damals war David ergriffen von einem Hunger und Durst nach Gott. **Psalm 63,1:** *„Gott, mein Gott bist du; nach dir suche ich. Es dürstet nach dir meine Seele, nach dir schmachtet mein Fleisch in einem dürren und erschöpften Land ohne Wasser."* **Psalm 42, 1-2:** *„Wie eine Hirschkuh lechzt nach Wasserbächen, so lechzt meine Seele nach dir, Gott!"*
- Anscheinend gibt es dieses Dürsten nach Gott heute nicht mehr und vermutlich haben wir in unserem Leben als Christ ein sehr viel geringeres Ziel vor Augen als Gott selbst.
- Viele von uns kamen zu dem Schluss, das Ziel des christlichen Daseins wäre damit erreicht, Gott vollzeitlich und so effektiv wie möglich zu dienen.
- Um Gott zu dienen haben wir Techniken und Methoden entwickelt die uns wichtig sind. Für ihre Umsetzung brauchen wir viel Kraft und anstatt wir uns nach Gott sehnen, sehnen wir uns lediglich nach der Kraft.
- Gott zu dienen ist so ins Zentrum unseres Denkens gerückt, dass sehr oft „der Wandel mit dem Herrn" mit dem Erfolg im christlichen Dienst gleichgesetzt wird.

- Unser Dienst für Gott bleibt weit hinter dem zurück was Gott für uns vorgesehen hat: Aufsehen zu Jesus, Zeit mit Gott zu verbringen und sich an Ihm zu erfreuen.
- Wenn man sich Wachstumsprozesse anschaut und wie sie in eine tiefere Beziehung mit Gott führen, erkennt man vier unterschiedliche Phasen, die wir in unserem christlichen Leben durchlaufen.

F. Phase 1

- Den eigenen fleischlichen Begierden Raum geben ... **Jakobus 4, 1-3**.

Zitat von Dr. W. J. Prost:

- *„Das Wesen (das vorherrschende Merkmal) des wahren Christentums besteht nicht darin, entweder hohe oder niedrige Gedanken von sich selbst zu haben, sondern gar nicht mehr an sich selbst zu denken".*
Dann zitierte er noch **Philipper 1,21**: **„Denn das Leben ist für mich Christus".**
- Wenn wir ein erfülltes, christliches Leben führen wollen, müssen wir aufsehen zu Jesus, von Ihm fasziniert sein, und Zeit mit Ihm verbringen.

Der Mensch neigt dazu Gott zu übersehen

Dazu gibt es folgende Überlegungen: Der Mensch ist das Objekt von Gottes Segnungen, Seinen Gaben und Seiner Gnade und Gott ist die Quelle von allen Segnungen. (**Johannes 3,27**: *„Ein Mensch kann nichts empfangen, auch nicht eins, es sei ihm denn aus dem Himmel gegeben".* **Jakobus 1,17**: *„Jede gute Gabe und jedes vollkommene Geschenk kommt von oben herab".*

- Wenn der Segen, die Gabe, die Gnade für den Menschen zum Objekt wird, dann übersehen wir dabei Gott, welcher der Geber ist. Beachte **Hiob 1,8-11** und was das bedeutet.
- Satan behauptete, dass die Segnungen für Hiob wichtiger waren als Gott selbst.
- Diese menschliche Neigung geht zurück bis zum Sündenfall. Eva ging auf Satans Vorschlag einen Nutzen, einen Segen, einen persönlichen Vorteil zu haben ein und geriet dadurch in seine Falle **(1. Mose 3, 4-6)**. Gedanklich stand ihr persönlicher Gewinn im Vordergrund und nicht Gott.
- Wenn diese Falle in einer vollkommenen Umgebung wie im Garten Eden funktioniert hat, wieviel mehr wird sie in einer gegenwärtig gefallenen Welt erfolgreich sein?

Selbstbezogenheit
- Wo beginnt das eigentliche Problem? **Es fängt da an, wo wir das Objekt von uns selbst werden (Selbstbezogenheit).**
- Durch unsere Selbstbezogenheit werden Gottes Segnungen wichtiger wie Er selbst.
- Diese Warnung erhielt das Volk Israel als sie in das verheißene Land kamen **(5. Mose 8, 12-14)**.
- Und so kam es, dass sich trotz der zuvor empfangenen Segnungen ihre Herzen von Gott entfernten und sie sich selbst zuwandten, was schließlich zu Götzendienst und zur Götzenanbetung führte.
- **Kann es sein, dass wir auch wegen Götzenanbetung schuldig geworden sind? (Gottes Segnungen anbeten, danach Ausschau halten, mehr mit persönlichem Gewinn beschäftigt sein als mit Gott)**

- Um das alles noch besser verstehen zu können, schauen wir uns die ersten Jahre unseres Lebens als Christ an.

Wir waren häufig kindisch auf uns selbst bezogen und Gott tolerierte das. Ich erinnere mich an Gebete für Gesundheit, Wohlstand, gute Tage, etc.

- Mein Fokus war **ich**. Ich war beschäftigt mit **meinem** Vergnügen, **meiner** Freude und **meiner** Hilfe.
- Ich wünschte mir **Frieden, Freude** und **Vorteile** durch **mein** Leben in Christus. Das war alles was ich wusste, das war mein Stand. Gott wusste das und Er tolerierte das liebevoll.

G. Phase 2

- **Wenn wir geistlich wachsen wollen, führt uns der Weg nach oben zuerst einmal nach unten.**
  Darum wird Gott, zu einer von Ihm festgelegten Zeit, diese Selbstbezogenheit zu dem Zweck gebrauchen, um uns eine sündige Bösartigkeit zu offenbaren, ein Krebsgeschwür, das in jedem von uns wohnt. Und ab einem ganz bestimmten Zeitpunkt wird uns eine Abwärtsspirale in furchtbare Kämpfe hineinziehen wie sie uns in **Römer 7** beschrieben werden.
- **Dies ist Phase 2 – Beschäftigung mit dem Elend unseres eigenen Fleisches (Römer 7, 15-24).**

Zwei Kräfte

- Als Christ werden wir von einer Kraft beeinflusst und kontrolliert: entweder vom eigenen Leben oder dem Geist des Lebens in Christus Jesus **(Galater 5,17)**. Die erste wird das Leben ziemlich unbehaglich machen und die zweite himmlisch und herrlich **(Jeremia 17, 5-8)**.
- Das Fleisch, das Selbst ist die irdische, selbstzentrierte, fleischliche Natur die wir von Adam geerbt haben und jeder von uns hat sie. Sie ist scheußlich, sie ist furchtbar, aber wir haben sie von Geburt an. Wir werden sie bis zu unserem

Tod haben und sie wird sich auch nicht ändern. *Vines Definition des Fleisches, des Egos lautet: „die menschliche Natur entzieht sich dem Geist Gottes und wird von der Sünde beherrscht".*

- Zu allem Übel sieht Gott nichts Gutes im Fleisch (**Römer 7,18 a)**. Selbst das Allerbeste, was das Fleisch von sich aus bewirken kann, weist Gott zurück.
- Beachte wie Paulus in **Philipper 3, 4-6** über sein eigenes Fleisch spricht. Sein Fleisch war gebildet, kultiviert, moralisch und religiös einwandfrei, aber für Gott war es völlig inakzeptabel **(Römer 8,8)**.
- Wir müssen uns stets vor Augen halten, dass wir zwar viele „guten Dinge" im Fleisch bewirken können, die aber allesamt für Gott inakzeptabel sind, weil die Motivation dazu nicht aus Christus kommt, sondern aus dem Fleisch.

Geistliche Blindheit

- Im Gegensatz zu Paulus geben wenige Christen zu, dass ihr Leben vom Fleisch kontrolliert wird. Es gibt geradezu eine Blindheit gegenüber dem subtilen, geschickten, trügerischen Wirken des Fleisches.
- Wenn wir die schrecklichen Sünden aus unserem Leben verbannt haben, neigen wir eher dazu in einer Art Selbstzufriedenheit des eigenen „gut Seins" zu ruhen (Selbstgerechtigkeit). Darüber vergessen wir völlig, wie widerwärtig die eher „kulturell akzeptablen Sünden" für Gott sind (beschönigende Geschichten, Sarkasmus, Ungeduld, Sorgen etc.). Wenige gelangen zu **Römer 7, 24**: **„Ich elender Mensch".**
- Martin Luther sagte einmal: *„Ich fürchte mich mehr vor meinem eigenen Herzen als vor dem Papst und all seinen Kardinälen. Ich habe in mir den größten Papst, mein Selbst."*

Wir haben einen elenden Tyrannen in uns, er gibt uns Kommandos und wir gehorchen ihm.

Schwein bleibt Schwein und Fleisch bleibt Fleisch

Stelle dir einmal folgendes vor: Ich kam zu der Überlegung, dass Schweine bisher völlig unterschätzt wurden und etwas Besseres verdient hätten, als sich im Schlamm zu wälzen.

Ich glaubte fest, sie bräuchten nur ein besseres Umfeld, eine gute Ausbildung und eine gute Erziehung. Um das zu überprüfen, brachte ich eines Tages ein kleines Ferkel zu mir nach Hause. Ich erklärte meiner Frau, dass wir das kleine Ferkel adoptiert hätten und bat sie, es wie ein Familienmitglied zu behandeln.

Wir gaben dem kleinen Ferkel ein Sweatshirt zum anziehen und Bluejeans. Wir brachten ihm bei, vor dem Betreten des Hauses die Füße abzutreten, aufrecht am Tisch zu sitzen, den Kopf beim Tischgebet zu beugen und nachts im eigenen kleinen Bett unter einer Bettdecke zu schlafen.

Wir waren uns ganz sicher, dass es nur eine Frage der Zeit wäre bis wir die ersten Erfolge sehen würden. Leider geschah es genau zu diesem Zeitpunkt, dass jemand die Haustür offenließ. Plötzlich raste das kleine Ferkel wie aus der Pistole geschossen aus dem Haus, quer über unser Grundstück und sprang in das schlammigste Loch das es im Garten finden konnte. Nachdem es sich darin gewälzt hatte lag es auf dem Rücken im Matsch. Immer noch mit Sweatshirt und Bluejeans bekleidet.

Wie wir leicht erkennen können, verändert sich die Natur des Schweines nicht wenn man das Umfeld verändert und es dazu bringt, Bluejeans und ein Sweatshirt zu tragen weil es ein Schwein ist und auch immer eines bleiben wird.

Sobald sich eine Gelegenheit bietet, wird sich die Natur des Schweines durchsetzen und dahin zurückkehren, wo es hingehört und diese Wahrheit finden wir auch in unserem Leben .... Das Fleisch in uns hat nie aufgehört die Sünde zu lieben. Sobald sich eine Gelegenheit bietet, wird es ebenso dahin zurückkehren wo es hingehört und sich in der Sünde wälzen **(2. Petrus 2,22; Sprüche 26,11)**.

Potenzial für das Böse

- Darum steckt auch in den frommsten Leuten immer noch das schreckliche Potenzial für das Böse.
- Wahrscheinlich sind es sogar die frommsten Leute, die es am besten wissen. Sie haben durch Erfahrung gelernt, dass das Fleisch nicht dadurch besser wird, indem man es besser macht, sondern indem man es kreuzigt und so wie ein Schwein ein Schwein ist, so bleibt auch das Fleisch immer nur Fleisch.
- **Johannes 3,6:** *„Was aus dem Fleisch geboren ist, ist Fleisch"* (Das Einzige was Fleisch jemals hervorbringen kann, ist mehr Fleisch).
- Abraham machte die Erfahrung als er nach Ägypten kam und Pharao belogen hatte **(1. Mose 12)**. Mose machte die Erfahrung als er den Felsen schlug **(4. Mose 20, 1-12)**. Simson machte in den Armen von Delila die Erfahrung **(Richter 16)**. David machte die Erfahrung als er Uria in den Tod schickte und mit Batseba Ehebruch beging **(2. Samuel 11)**. Petrus machte die Erfahrung als er Christus verleugnete und anschließend auf den Straßen Jerusalems bitterlich weinte **(Lukas 22)**.
- Das ist **Phase 2 – Beschäftigung mit dem Elend des Fleisches.** Wir sollten niemals über die in uns wohnende, erstaunliche Fähigkeit für die Sünde schockiert sein weil es zutiefst unser Wesen ist. Schwein ist Schwein und Fleisch ist Fleisch.

Kapitel 3
Aufsehen zu Jesus
„Vier Phasen des christlichen Lebens – Teil 2"

Im letzten Kapitel haben wir uns zwei von vier unterschiedlichen Phasen des christlichen Lebens angeschaut:

1. **Beschäftigung** mit den fleischlichen Begierden und
2. **Beschäftigung** mit dem Elend unseres Fleisches.

Ein Zitat von Miles Stanford:

„Bevor Gott einen Menschen gebrauchen kann, wird Er ihn zuerst an seinen eigenen Nullpunkt bringen. Er lehrt ihn, dass Selbstvertrauen, welcher Art auch immer, nur zu einer Niederlage führt. Viele Diener Gottes verbrachten viele Jahre damit, sich in ihrem selbstbestimmten Leben abzumühen bevor sie lernten, sich von Ihrem auferstandenen Herrn abhängig zu machen und Er schließlich zu ihrem Ein und Alles wurde. Es ist nicht gerade angenehm für jemand, der in einem moralischen und religiösen Leben eigenständig und selbstgefällig war, herauszufinden, dass nicht das kleinste Gramm Gutes in ihm vorhanden ist. Wir müssen aufhören nach etwas Gutem in uns selbst zu suchen um die tiefe Freude zu schmecken, in Christus zu sein." M. J. Stanford.

A. Phase 3: **Beschäftigung** mit dem Kreuz

- Rechtzeitig, ich erwähne das noch einmal, nach Gottes Zeitplan, wird der Geist der Wahrheit, der Heilige Geist uns zeigen, wie wichtig es für uns ist, von diesem erbärmlichen Eigenleben befreit zu werden.

Er wird unsere Aufmerksamkeit auf eine tiefere Wahrheit lenken, auf unser *„mit Christus gekreuzigt zu sein"* **(Römer 6,6; Galater 2,20).**

- Es beginnt Phase 3 – Beschäftigung mit dem Kreuz

Das Kreuz
- Was ist nun das Wichtigste um sich von einem fleischlichen Christen zu einem Geistlichen weiter zu entwickeln? Von Phase 1 zu Phase 4? **DAS KREUZ!**

- Um ein Phase 4 geistlicher Mensch zu werden, muss man sterben.
- Das Kreuz muss an erster Stelle stehen **(Lukas 9,23; Epheser 4,22-24).**

- Viele Gläubige bitten Gott darum, ihnen die Kraft zu schenken um Sünde zu überwinden (das Fleisch), aber das ist nicht Gottes Weg. Gottes Weg um uns von dem elenden Bösen in uns zu befreien ist nicht, uns zu stärken um von Ihm unabhängig zu sein, sondern uns in der Schwachheit zu belassen, damit wir in eine größere Abhängigkeit von Ihm kommen können **(2. Korinther 12,9 und 10; Jesaja 40:29).** Gott befreit uns nicht von der Herrschaft der Sünde indem Er den alten Menschen stärkt, sondern indem Er ihn kreuzigt.
- Wir erinnern uns an den Tag, an dem wir erkannt haben, dass Christus für uns starb. Genauso deutlich sollten wir auch erkennen, dass wir mit Christus gestorben sind.
- Wir beachten die mehrfachen Aussagen in **Römer Kapitel 6** unserer eigentlichen Identifikation mit dem Tod Christi in den Versen **2-8, 11 und 13.**

Ein Zitat von Miles Stanford

- *„Frucht entspringt aus dem Tod. Selbstbezogenheit ist immer unfruchtbar und macht einsam. Der Weg des Sieges ist der Weg des Kreuzes. Namen von Christen die in der Geschichte geehrt wurden, sind Namen, die über Gräber geschrieben standen in denen der alte Mensch beerdigt wurde, lange bevor der Leib verstarb."*
- Aus den Paulusbriefen geht eindeutig hervor, dass sein gesamtes Leben an der Tatsache hing, mit Christus gekreuzigt zu sein.

B. Phase 4: Beschäftigung mit dem Herrn Jesus Christus.

- Wenn wir anfangen unseren Glauben mit der Einstellung „mit Christus gekreuzigt zu sein" auszuüben, das ist unsere Position in Christus, *„wir halten uns der Sünde für tot, Gott aber lebend in Christus Jesus"* **(Römer 6.11)**, erlangen wir zunehmend eine größere Freiheit von der Macht und Herrschaft der Sünde **(Römer 6.4,7,14 und 18)**.
- Während wir durch die Erkenntnis von tief liegenden Wahrheiten des Wortes gewachsen sind, wird vielen von uns bewusst, dass wir uns sehr viel mehr mit den Wohltaten befasst haben als mit dem Wohltäter. Wir sind mehr an den Ergebnissen des geistlichen Wachstums interessiert als an dem, der uns wachsen lässt.
- Wenn uns der Heilige Geist für diese Tatsache die Augen öffnet, sind wir dabei in Phase vier einzutreten – Beschäftigung mit dem auferstandenen Herrn Jesus Christus **(Kolosser 3.1-3; 1. Johannes 1.1-5)**.
- *„Die größte geistliche Not die ich entdeckt habe, spielt sich in Seelen ab, die sich befleißigen von Christus ergriffen zu sein. Aber ihr großer Kummer ist der, trotz vielem Gebet und*

großen Anstrengungen, dass sie sich schmerzvoll darüber im Klaren sind, schlussendlich nur mit sich selbst beschäftigt gewesen zu sein. Das führt zu einer tiefen Erkenntnis wie der alte Mensch eigentlich beschaffen ist. Auf welche Art und Weise auch immer, es muss eingeübt werden. Aber es ist eine enorme Ermutigung zu wissen, dass Gott uns angenommen hat, dass Er uns befreien und unsere Herzen in die Glückseligkeit der bewussten Verbindung und Beziehung mit dem Herrn Jesus hineinbringen möchte.“
C. A. Coates

- Wir beachten noch einmal das schmerzhafte Bewusstsein darüber, nur mit sich selbst beschäftigt zu sein. Es muss jedem sehr klar werden, was der „alte Mensch" eigentlich bedeutet **(1. Johannes 1:6-10)**.

Kapitel 4
Aufsehen zu Jesus
„Wer ist Jesus"

A. Es ist sehr gut möglich, dass viele von uns nicht zu Jesus aufschauen und in Ihm bleiben können, weil sie Ihn nicht wirklich kennen.

- Wir kennen Seinen Namen, wir kennen Ihn als Retter. Aber was verbirgt sich dahinter? Kennen wir Ihn wirklich als Gott?
- Wir wollen gründlich über Ihn nachdenken und betrachten dazu **Johannes 14.7**: *„Wenn ihr mich erkannt habt, werdet ihr auch meinen Vater erkennen; und von jetzt an erkennt ihr ihn und habt ihn gesehen."* **Johannes 10.30**: *„Ich und der Vater sind eins" (Johannes 1.1-5 und 14; Kolosser 1.15; Hebräer 1.1-3; Matthäus 1.23).*

B. Oberflächliche Gedanken von Jesus
Häufig sind unsere Gedanken über Jesus eher oberflächlich:

- An Weihnachten erinnern wir uns an Seine Geburt in einem Stall.
- An Ostern erinnern wir uns an Sein Sterben am Kreuz und an Seine Auferstehung.
- Wenn wir gesündigt haben, erinnern wir uns daran, dass wir Ihm unsere Sünden bekennen müssen.
- Wenn wir in Schwierigkeiten sind, wissen wir so viel von Ihm, dass wir anfangen zu beten.
- In der Kirche singen wir Ihm Lieder.
- Beim Abendmahl erinnern wir uns daran, was Er für uns getan hat.

Aber scheinbar ist Er fern. Er ist ein eher geheimnisvoller Charakter, ein weit entfernter Erlöser dem wir nie wirklich nahe sein können.

Aber wie ist Er denn nun wirklich?

- Beachte, wir sind nach Seinem Ebenbild erschaffen (Seele, Verstand, Wille, Gefühle). Er hat einen Verstand wie wir. Was denkt Er gerade über mich/dich? Er hat einen Willen wie wir. Was sind Seine Wünsche? Er hat Gefühle wie wir. Was fühlt Er gerade dir/mir gegenüber? Wissen wir das? Möchten wir das wissen?

Wie ist Sein inneres Wesen, Sein wahrer Charakter?

- Diese Fragen sind nicht neu. Vielen Menschen des 1. Jahrhunderts lagen sie besonders schwer auf dem Herzen. Auch diejenigen die Ihn gesehen hatten, haben nicht richtig erkannt, wer Er war.
- In **Markus 8.27** fragte Jesus Seine Jünger: *„Was sagen die Menschen wer ich bin?"*
  Seine Jünger antworteten Ihm in Vers 28 und sagten: *„Johannes der Täufer; und andere: Elia; andere aber: einer der Propheten"*.
  In **Markus 4.36-41**, als Jesus den Sturm beruhigte, sprachen die Jünger zueinander: *„Wer ist denn dieser, dass auch der Wind und der See ihm gehorchen?"*
  Dann gab es noch die ahnungslosen Schriftgelehrten und Pharisäer. In **Lukas 5.21** äußerten sie sich: *„Wer ist dieser, der solche Lästerungen redet?"*
  Oder die Pharisäer in **Lukas 7.48-49**: *„Wer ist dieser, der auch Sünden vergibt?"*

Wir wollen die Frage von Herodes in **Lukas 23.3** nicht vergessen: *„Bist du der König der Juden?"*

- In **Johannes Kapitel 8** war Jesus an einer hitzigen Debatte mit den Pharisäern beteiligt in der es um Seine Identität ging: Wer bist du?
- Seine Gegner waren wegen Seinen Äußerungen verärgert, in ihrem Denken war es Gotteslästerung. Sie haben es nie wirklich in Betracht gezogen, dass Er wirklich Gott sei **(Johannes 8.12-25 und 8.51-53)**.
- Beachte die Reaktion des Volkes in **Johannes 8.59**. Warum? **Johannes 3.19-20**.

C. Niemand kannte Ihn

- Wie wir gesehen haben, kannte Ihn niemand.
- Es ist interessant, dass Jesus Seine Jünger in **Matthäus 16.15** fragte: *„Ihr aber, was sagt ihr, wer ich bin?"* Petrus antwortete: *„Du bist der Christus, der Sohn des lebendigen Gottes"*. Wie kam Petrus zu dieser Schlussfolgerung?
- Wenn wir die Evangelien studieren, sollten wir die Jüngerschaft von Petrus einmal näher betrachten.
- Die **Jüngerschaftsschulung** durch Christus hatte den Zweck, dass Er sich ihm offenbaren wollte. Er beginnt in **Matthäus 4.18-19** (Petrus, folge mir) und in den **Versen 23-25** (Petrus sah, wie Jesus predigte und heilte); **Matthäus 8.14-16** (Heilung seiner Schwiegermutter); **Matthäus 14.14-31** (Speisung der Fünftausend; Jesus geht auf dem See); **Matthäus 17.1-6** (Petrus ist bei der Verklärung Jesu dabei); **Johannes 13.1-9** (Fußwaschung); **Matthäus 26.31-41** (Jesus sprach zu Petrus *„ bevor der Hahn kräht, wirst du mich dreimal verleugnen);***Johannes 18.3-11** (der Verrat von Judas); **Matthäus 26.69-75** (Verleugnung durch Petrus);

Johannes 20.3-6 (das Grab ist leer); **Johannes 21.1-7** (Fische fangen). Wir gehen zu **Johannes 21.15-18; Josua 3.3-4**.

- Jesus führte Petrus zu seinem persönlichen Nullpunkt und, was dabei viel wichtiger war, zu einer wahren Erkenntnis darüber, wer Christus wirklich war (Er ist Gott – **Kolosser 2.9**) – *„denn in Ihm wohnt die ganze Fülle der Gottheit leibhaftig".*
- Nach der Jüngerschaftsschulung können wir ganz klar den Unterschied im Leben von Petrus sehen: Keine Verleugnung mehr, sondern Verherrlichung von Christus **(Apostelgeschichte 3.12-13; 4.8-13; 10.25-26)**.
- Seine letzten Worte waren: *„Wachset aber in der Gnade"* (die vollbrachten Werke von Christus) *„und in der Erkenntnis unseres Herrn"* (Wer Er ist) **(2. Petrus 3.18)**.

D. Bevor Abraham war, bin Ich

- Wir gehen zurück zu **Johannes Kapitel 8** und schauen uns den großartigen **Vers 58** an, in dem Jesus die Gleichheit mit dem Vater beansprucht. Hätte Jesus lediglich über Seine Präexistenz gesprochen, hätte Er so etwas ähnliches sagen können wie „bevor Abraham war, war Ich". Aber das hat Er nicht gesagt. Er sagte: *„Bevor Abraham war, bin Ich".*
- Mit dieser Aussage führt Er uns zurück zu dem Tag, an dem Mose am brennenden Dornbusch fragte, wie der Name des Gottes lautet, der ihn sendet, um sein Volk aus Ägypten herauszuführen.
- Gottes Antwort lautete: *„Ich bin, der ich bin. So sollst du zu den Söhnen Israel sagen: (Der)* **Ich bin** *hat mich zu euch gesandt"* **(2. Mose 3.13-15)**.
- Deshalb lautet Gottes persönlicher Name Jehova und das bedeutet „Ich bin".

- Wenn Jesus in **Johannes 8** sagt: Ich bin", beansprucht Er Gott zu sein, der große „Ich bin" aus dem Alten Testament.
- Und in **Johannes 8.24** sagt Er weiter, dass ihre ewige Bestimmung von ihrem Glauben abhängt, ob Er Gott im Fleisch ist oder nicht.
- Jesus sagte: *„Wenn ihr glaubt, dass ich es bin"*. Interessanterweise lohnt es sich über diese Tatsache nachzudenken, dass Jesus jeden Namen Gottes hätte nehmen können um Seine Gleichheit mit dem Vater zu verdeutlichen. Aber Er tat es nicht. Stattdessen wählte Er den Namen Jehova, Ich bin.
- *„Ich bin"* ist ein unvollständiger Satz. Es hat kein Objekt. *„Ich bin"* – was?
- Wenn wir uns die Schriftstelle anschauen, könnte man geradezu meinen, dass Er eigentlich sagt: *„Ich bin"* was auch immer mein Volk braucht. Scheinbar bleibt der Satz unvollendet, damit wir die leere Stelle beliebig ausfüllen können.
- Ich möchte die Frage stellen: Ist Christus alles, was wir brauchen?
- Wir erinnern uns an die Aussage von Paulus in **1. Korinther 2.1-2**: *„Denn ich nahm mir vor, nichts anderes unter euch zu wissen als nur Jesus Christus, und ihn als gekreuzigt"*. Warum? Weil Er das Alpha und das Omega, der Anfang und das Ende ist. Er ist alles, was wir brauchen. Mangelt es uns an Frieden? Die Bibel sagt uns: *„Ich bin"* dein Friede. Mangelt es uns an Kraft? *„Ich bin"* deine Kraft. Mangelt es uns an geistlichem Leben? *„Ich bin"* dein Leben. Mangelt es uns an Weisheit? *„Ich bin"* deine Weisheit.
- Der Name Jehova ist gewissermaßen wie ein Blankoscheck und unser Glaube befüllt ihn mit dem, was Er für uns ist.

- Wir können sagen, wo auch immer eine menschliche Not ist, da ist Jehova, *„Ich bin"* alles, was du benötigst.
- Wenn uns Sorgen, Nöte, Leid und Unzufriedenheit bedrücken, ist Er der große *„Ich bin"*, der uns in unserem Leben zeigen möchte, dass Er alles ist, was wir brauchen.
- Im Alten Testament ist der Blankoscheck, der Name Jehovas, bereits für uns ausgefüllt worden.
- Sieben Mal finden wir den Namen Jehovas in Verbindung mit einem anderen Wort um Seinen vollständigen Namen für besondere Anlässe auszudrücken:

1. Jehova-Nissi — *„Ich bin"* dein Feldzeichen - 2. Mose 17.15
2. Jehova-Shalom — *„Ich bin"* dein Friede - Richter 6.23
3. Jehova-Tsidkenu — *„Ich bin"* deine Gerechtigkeit - Jeremia 23.6
4. Jehova-Jireh — *„Ich bin"* dein Versorger - Mose 22.14
5. Jehova-Rapha — *„Ich bin"* der Her, der dich heilt - 2. Mose 15.26
6. Jehova-Raah — *„Ich bin"* dein Hirte - Psalm 23.1
7. Jehova-Shammah — *„Ich bin"* der „hier ist der Herr" - Hesekiel 48.35

E. Ich bin alles, was du brauchst

- Und nun werden wir unsere Aufmerksamkeit auf die Verbindung von Jehova richten – Jesus.
- Den Namen Jesus könnte man auch so schreiben JE-SUS. Das ist eine Verbindung von Jehova-Sus und bedeutet: *„Ich bin"* deine Rettung.

- Dazu eine Anmerkung. Wenn hier Jehova die Bedeutung hat, *„Ich bin alles was du brauchst"*, dann müsste Gott unserem Grundbedürfnis als Sünder entgegenkommen und durch Jesus hat Er das tatsächlich auch getan.
- Gott liebt uns so sehr, dass Er Jesus zu uns sandte, den Glanz Seiner Herrlichkeit und das exakte Ebenbild Seiner Person, um unserer Erlösungsbedürftigkeit zu begegnen.
- Dennoch geht „Aufsehen zu Jesus" weit über unsere Erlösungsbedürftigkeit hinaus.
- „Aufsehen zu Jesus" bedeutet, Jesus Christus durch Glauben zu betrachten, der alles ist was ich als Sünder brauche: Als Versager, als armer, schwacher Mensch der in Not geraten ist und jetzt Ihm zu vertrauen, dass Er in meiner aktuellen Not für mich da ist.
- Bist du aktuell in einer Notlage? Ist Er genug? Ist Er alles was du brauchst?

F. Sieben Aussagen im Neuen Testament über *„Ich bin"*

- Interessanterweise gibt uns Jesus eine neutestamentliche Version der sieben *„Ich bin's"*. *„Was sagen die Menschen, wer der Sohn des Menschen ist?"*

1. Ich bin das Brot des Lebens – **Johannes 6, 35** (Versorger, Stütze, Halt)
2. Ich bin das Licht der Welt – **Johannes 8,12** (bringt Licht in die Dunkelheit und führt aus der Finsternis)
3. Ich bin die Tür der Schafe – **Johannes 10,7** (niemand kommt zum Vater außer durch mich)
4. Ich bin der gute Hirte – **Johannes 10,14** (Versorger, Beschützer, Ernährer)

5. Ich bin die Auferstehung und das Leben – **Johannes 11,25** (Prinzip von Tod und Auferstehung. Haltet euch der Sünde für tot, Gott aber lebend in Christus Jesus. **Römer 6,11**)
6. Ich bin der Weg, die Wahrheit und das Leben – **Johannes 14,6** (Retter, der für alles genügt)
7. Ich bin der wahre Weinstock – **Johannes 15,1** (Quelle des Lebens)

G. „Ich bin die Tür"

- Es ist sehr hilfreich einige der großen *„Ich bin, der ich bin"* Aussagen näher zu betrachten.
- Zum Beispiel, *„Ich bin die Tür"* in **Johannes 10,9**.
- Hier präsentiert sich uns Jesus als der, der alles für uns ist was wir benötigen. *„Ich bin die Tür"*.
- Diejenigen, die draußen stehen und ausgeschlossen sind, benötigen eine „Tür", einen Ausgang aus ihrer Situation und Jesus Christus ist diese „Tür".
- Jesus sagt hier, dass Er selbst die Tür ist und deutet darauf hin, dass es nur ein Hindernis gibt, eine Barriere zwischen uns und Gott und diese Barriere wird Sünde genannt **(Jesaja 59,2)**.
- Dieses Hindernis hat uns in unseren großen Anstrengungen davon abgehalten von selbst in den Himmel zu kommen.
- Wir brauchen dringend eine Tür in diesem Hindernis und hier begegnet uns Jesus.
- Er sagt nicht, ich will dir diese Tür zeigen. Er sagt auch nicht, komm, ich werde diese Tür für dich öffnen, sondern Er sagt: *„Ich bin die Tür"*.
- Das Evangelium fordert uns nicht dazu auf, wie Christus zu sein, sondern durch Christus hindurch zu gehen.
- Wir sehen immer wieder, wie der Apostel Paulus seinen Schwerpunkt auf diese Aussage legt: *„durch Jesus Christus*

unseren Herrn" (**Römer 6,11 und 23; 7,25**). Mit anderen Worten: Gottes Gnade kommt ausschließlich **durch** Jesus Christus (**Johannes 1,17**).

- Wir wenden uns **Johannes 10,1** zu, einem sehr interessanten Vers. Was für eine Illustration von unseren ängstlichen Bemühungen um Gottes Segnungen und seine Gnade zu erlangen! Dabei kommen wir nicht zur Tür herein, sondern beschreiten eifrig irgendeinen anderen Weg: Wir wählen den Weg der Selbsterneuerung, entscheiden uns ein neues Feigenblatt obendrauf zu legen, beschließen ernsthafter zu beten und mehr Zeit mit Bibel lesen zu verbringen. Und während wir uns so sehr anstrengen, steht Jesus für uns bereit und bietet sich selbst als „unsere Tür" an.

H. „Jesus als den Weg erkennen"

- Wir könnten behaupten, dass das Bild von Jesus als Tür wahrscheinlich an den Anfang des Lebens als Christ gehört.
- Was danach kommt, hat wohl eher etwas mit dem Leben hinter „der Tür" zu tun.
- „Die Tür" führt uns nicht in ein Haus oder in einen Garten, sondern vielmehr auf einen Pfad, einen Weg, der hinter der Tür ist. Derjenige der sagte: *„Ich bin die Tür"*, sagt nun: *„Ich bin der Weg"* der hinter der Tür ist (**Johannes 14,6**).
- Ein Weg hat nicht die Bedeutung einer beständigen und endgültigen Ruhe, sondern deutet auf einen Fußmarsch hin und wenn das Leben als Christ einem „Fußmarsch" gleicht, dann brauchen wir auch einen „Weg" auf dem wir gehen können.
- Vor langer Zeit wurde durch die Propheten gesagt, dass Gott so einen *„Pfad"* bereitstellen würde (**Jesaja 35,8-9**). Beachte noch einmal den Vers 8: *„Und dort wird eine Straße*

sein und ein Weg, und er wird der heilige Weg genannt werden". Der Weg von dem hier die Rede ist, ist der Herr Jesus selbst und auf jeder Seite des Weges befinden sich Sümpfe der Sünde. Diese durchzuwaten und über ihnen zu stehen ist *„der Weg"* den wir gehen.

- Es ist sehr interessant zu sehen, wie die frühen Kirchenväter das Leben als Christ gesehen haben.
- In der Apostelgeschichte weisen sie immer wieder darauf hin, dass sie Jesus als „den Weg" gefunden haben **(Apostelgeschichte 9,2; 19,9 und 23; 22,4; 24,14 und 22)**.
- Aus diesen Schriftstellen geht eindeutig hervor, dass die ersten Christen Jesus nicht nur als *„die Tür"* erkannt haben, sondern auch als *„den Weg"*.
- Die Wahrheit ist jedoch, dass viele Christen die durch *„die Tür"* gegangen sind, nicht wirklich auf *„dem Weg"* gehen. Sie sind irgendwie von der „Straße" abgekommen oder in der Wüste gelandet.
- Das grundlegende Problem dabei ist, dass wir Jesus nicht als *„den Weg"* ansehen und deshalb versuchen wir andere Dinge zu unserem *„Weg"* zu machen.
  Viele von uns kommen auf die Idee, dass Gebet das Wichtigste im Christentum sei und so wird es zum *„Weg"* für uns.
  Andere machen das Bibelstudium zum *„Weg"*.
  Wieder andere machen Nachfolge, Zeugnis für andere Leute sein, Kirchenbesuche oder gute Beziehungen zur Nachbarschaft pflegen zu ihrem *„Weg"*.
- Keines dieser Dinge ist *„der Weg"* und wenn wir versuchen sie zu unserem *„Weg"* zu machen, dann werden wir herausfinden, dass christliches Leben sehr schwierig, unfruchtbar und schuldbeladen sein kann.

- Einige Christen könnten behaupten, dass sie keines der genannten Dinge als „*den Weg*" ansehen würden, sondern nur als einen Weg zu Christus hin, der allein „*der Weg*" sei.
- Es gibt jedoch keinen Weg zu Christus hin, weil Christus selbst „*der Weg*" ist.
- Wir brauchen keinen Weg zu „*dem Weg*". Es ist genau dieser kleine Weg zu „*dem Weg*" der uns zu schaffen macht und den wirklichen Weg für uns bedeutungslos macht, weil er für uns so weit weg und damit unerreichbar scheint.
- Wir sollten uns an etwas grundlegendes erinnern. Was Jesus zu „*der Tür*" gemacht hat, macht Ihn auch zu „*dem Weg*". Es ist nicht Sein Leben oder Seine Wunder oder Seine Lehre die Ihn zu „*der Tür oder den Weg*" gemacht haben, sondern vielmehr **das Kreuz**.

I.   Ist Jesus auch „das Ende"?

- Wir haben Jesus als „*den Weg*" betrachtet und stellen uns nun die Frage, „wohin führt er"? Was befindet sich am „Ende" des Weges?
- Das ist eine sehr interessante Frage, weil wir Christen uns normalerweise etwas ganz anderes darunter vorstellen als „das eine große Ende" das Gott für uns vorbereitet hat.
- Wir lesen oft von außergewöhnlichen gläubigen Menschen, die Gott für einen besonderen Dienst eingesetzt hat. Ab einem bestimmten Zeitpunkt in ihrem Leben waren sie soweit zerbrochen und untergeordnet, so dass Gott sie nun mächtig gebrauchen konnte. Nun stellen wir uns leicht vor, wenn wir denselben Weg gehen, werden wir auch am gleichen Ende herauskommen.
- Andere von uns haben vielleicht den Wunsch, „Dinge mit Gott richtig zu machen" und denken, wenn sie das tun, wird

es sie in ein ruhiges und glückliches Leben führen. Das ist „das Ende" das sie vor Augen haben.

- Aber sicherlich ist es nicht „das Ende", in das uns Jesus führen möchte.
- Wir gehen noch einmal zurück zu **Johannes 14** und ich denke, dass wir hier erkennen können, wohin Er uns führen möchte **(Johannes 14, 1-9)**.
- Die Jünger wunderten sich als Jesus in **Vers 4** sagte: *„Und wohin ich gehe, das wisst ihr und den Weg wisst ihr auch"*. Thomas antwortete darauf, dass er das nicht wissen würde. *„Wir wissen nicht wohin du gehst und den Weg wissen wir auch nicht"*.
- In **Vers 6** macht Jesus noch einmal ganz deutlich, wohin Er uns führt: *„Ich bin „der Weg" und niemand kommt zum Vater denn durch mich"*.
- Dann antwortet er ihnen: *„Wenn ihr mich kennen würdet, so würdet ihr auch meinen Vater kennen"*. Philippus sagte daraufhin völlig verwundert: *„Herr, zeige uns den Vater, so genügt uns"*.
- Und nun folgt die erstaunliche Antwort von Jesus: *„Wer mich sieht, der sieht den Vater"*. Jetzt erkannten sie, dass sie nicht nur „den Weg" kennen, sondern auch „das Ende", weil Jesus beides ist.
- Wir müssen nicht länger an Jesus vorbeigehen um unsere Bedürfnisse selbst zu stillen. Jesus Christus ist „das Ende" von allem was wir benötigen (in Ihm werden unsere Bedürfnisse gestillt) und gleichzeitig ist Er auch „der Weg" zu „diesem Ende".

J. Einer von den Zehn?

- Die Geschichte mit den zehn aussätzigen Männern in **Lukas 17, 11-19** ist eine wunderbare Illustration von alldem.

- Nur einer von den zehn Männern kehrte um zu Jesus und pries Gott mit lauter Stimme. Die anderen neun sind weiterhin auf ihrem Weg geblieben und freuten sich über ihr neues Leben und das sie von Aussatz geheilt waren. Für sie war Jesus nur Mittel zum Zweck. *„Das Ende"* bedeutete für sie ein Leben in Gesundheit.
- Aber der Mann der auf sein Angesicht zu Jesu Füßen fiel, sehnte sich nach Gemeinschaft und nach einer Beziehung mit dem Einen, der ihn geheilt hatte. Jesus war für ihn nicht nur Mittel zum Zweck, sondern vielmehr *„das Ende"*.

K. Stephanus

- In diesem Zusammenhang wenden wir uns nun dem 7. Kapitel der Apostelgeschichte zu. Wir wollen uns ein wunderbares Bild eines in der „Phase 4 geistlichen Menschen" anschauen: **Apostelgeschichte 7, 55-60.**
- Zum größten Teil ist Apostelgeschichte 7 eine Art Geschichtsunterricht der von Stephanus vor den Sanhedrin, dem Hohen Rat gehalten wurde. Inhaltlich geht es um den Unglauben der Nation Israel. Am Ende seiner Rede machte Stephanus eine starke Aussage welche die Zuhörer mächtig verärgert hatte.
- Wir sehen in **Apostelgeschichte 7, 51-52** die Auswirkung von Religion ohne Christus. Der Mensch erfüllt Gott gegenüber nur eine Pflicht.
- Hier einige weiterführende Gedanken von Robert Farar Capon:

  „Das Evangelium der Gnade ist das Ende von Religion (Verpflichtung gegenüber Gott). Religion ist ein Verlierer. Gescheitert in der Vergangenheit und bankrott in der Zukunft. In Eden gab es keine Religion, keine Pflichterfüllung gegenüber Gott und im neuen Jerusalem wird es auch keine

geben. In der Zwischenzeit starb Jesus und ist auferstanden um uns Menschen davon zu überzeugen, damit aufzuhören. Er hat das wirklich ganz klar gemacht: Solange Gott beteiligt ist, sind wir alle schon zuhause angekommen und es gibt nicht die kleinste religiöse Sache die ich oder du noch leisten müssten. Wir sind eingeladen, das einfach nur zu glauben".

- Zurück zu **Apostelgeschichte 7, 51-52**. Diese Männer waren die religiösen Leiter ihrer Zeit. In ihnen erkennen wir Gottlosigkeit und Religion ohne Christus. In Stephanus jedoch erkennen wir wahres Christentum.
- Sie waren voll religiösem Zorn, er war voll des Heiligen Geistes. Sie knirschten mit den Zähnen, sein Gesicht war wie das Gesicht eines Engels. Was für ein Gegensatz!
- **Apostelgeschichte 7, 55-56**. Stephanus unterschied sich in nichts von uns. Er war ein Mensch wie wir. Erfüllt mit dem Heiligen Geist konnte er seinen Blick auf den verherrlichten Erlöser im Himmel richten. Das ist Christenheit. Das ist ein wahrer Christ. Das ist das Leben für einen Christ:

1. Er hält sich selbst für bereits gestorben,
2. ist voll des Heiligen Geistes und
3. ergriffen vom verherrlichten Jesus.

- **Apostelgeschichte 7, 57-60**. Hier sehen wir einen Mann der sich in einer schrecklichen Situation befand. Seine Feinde stürmten auf ihn zu, er hatte den Tod vor Augen. Anstatt sich in irgendeiner Weise von den Umständen beherrschen und kontrollieren zu lassen, war er völlig ergriffen von einem himmlischen Objekt.
- Standhaft schaute er auf zum Himmel und sah Jesus **(Kolosser 3, 1-3)**.

- Während er in den geöffneten Himmel hineinschaute, erhaschte er einige Strahlen der Herrlichkeit, die im Gesicht Seines auferstandenen Herrn leuchteten. Er konnte sie nicht nur einfangen, er reflektierte sie auch **(Apostelgeschichte 6,15)**.
- Wir sehen hier einen Mann der sich über seine Umstände hinwegsetzen konnte und genauso wie Jesus, konnte auch er für seine Mörder Fürbitte tun.
- Anstatt in seinen furchtbaren Leiden nur mit sich selbst beschäftigt zu sein, war er besorgt um diejenigen, die ihn später getötet haben.
- Seine Augen waren auf die Herrlichkeit gerichtet, er war ergriffen von Christus **(Psalm 57,7)**.

Kapitel 5
Aufsehen zu Jesus
„In Ihm sind wir vollkommen"

Ein Lebensstil „Aufsehen zu Jesus", eine tiefe, intime, bleibende Beziehung mit Ihm entwickelt sich weder schnell noch ist er einfach, weil da etwas im Weg steht und dieses etwas nennt sich unsere sündige Natur, das Fleisch.

A. Die menschliche Natur, das Fleisch

- Durch den Sündenfall kam die Sünde in diese Welt. Unsere Beziehung mit Gott zerbrach. *„Wenn ihr von dem Baum essen werdet"*, so sagte Gott, *„werdet ihr sterben"*. Ihr werdet getrennt sein von mir, unsere Beziehung wird zerbrechen. Jede Person die seitdem auf diese Welt kam, hatte diese erbärmliche, gefallene, sündige Natur in sich und keine Beziehung zu Gott.

- Es ist wichtig zu wissen, wenn Gott uns errettet, vergibt er nicht unsere sündige Natur, er nimmt sie uns auch nicht weg. Er hat uns jedoch einen Weg bereitet, um sie zu überwinden. Und das ist etwas, das wir bisher schon mehrfach angesprochen haben. Bei unserer Errettung nimmt er uns positionell aus Adam heraus und platziert uns in Christus hinein und aufgrund unserer neuen Position in Christus sind wir mit Christus gekreuzigt, gestorben, begraben, auferstanden und sitzen nun positionell mit Christus zur rechten Hand des Vaters. Nun ist unser Leben *„verborgen mit Christus in Gott"* **(Kolosser 3, 1-3)**.

- Um noch weiter darüber nachzudenken dient uns **Römer 6,6 und Galater 2,20** zur Veranschaulichung.

- Durch unsere neue Position in Christus, mit einer neuen Natur, hat Gott uns einen Weg bereitet um die alte Natur, das Fleisch, die Macht der Sünde zu überwinden. Vergiss nicht, dass Er die alte Natur, das Fleisch, die Macht der Sünde (wie auch immer wir sie benennen wollen) in jeder Person die nach Adam geboren wurde, immer noch intakt ist und weiterhin sehr viel Leid verursachen kann **(Römer 7,14-25; Galater 5,17)**.
- Aber wir gehen noch weiter. In **Jesaja 14, 12-14** lesen wir über die Gesinnung des Widersachers: Ich möchte mein eigener Gott sein, ich möchte mein Leben selbst bestimmen und ich möchte nicht, dass mir irgendjemand sagt, was ich zu tun habe. In **Philipper 2, 5-8** dagegen erfahren wir etwas von der Gesinnung von Christus: Er gab auf, Gott zu sein, Er kam nicht um seinen eigenen Willen zu tun, sondern um den Willen des Vaters zu tun und hat nur das getan, was der Vater zu ihm sagte. Gott ist dabei, jeden von uns in das Ebenbild von Christus zu verwandeln **(Römer 8,29)** und unsere Gesinnung der Selbstbestimmtheit und Selbstzentrierung in die Gesinnung von Jesus Christus umzuwandeln.

B. Aufsehen zu Jesus

- Ein Ende dieses Konflikts ergibt sich nicht aus einer Selbstbetrachtung und einem Versuch, die alte Natur besser zu machen, sondern durch das Betrachten von Jesus, unserer Position in Christus und dem Glauben, dass wir gestorben sind, begraben, auferstanden, aufgefahren und sitzen zur rechten Hand des Vaters und zu wissen und zu glauben, was Er für uns am Kreuz getan hat; durch unser *„mitgekreuzigt sein"* in Ihm **(Römer 6,6)** sind wir freigesetzt von der Macht der Sünde.

Halte dir stets diese positionelle Wahrheit vor Augen!

- Anstatt mit der Verbesserung der sündhaften Natur, dem Fleisch beschäftigt zu sein, glauben wir den Zusagen des Wortes **(Kolosser 2,6)** und vertrauen den vollendeten Werken von Christus: Aus Adam herausgenommen und in Christus hineinplatziert, platziert in Seinen Tod und in Seine Auferstehung. Wir sind nicht mehr länger Sklaven des Fleisches und der Macht der Sünde **(Römer 6, 3-7)**.
- Darin liegt nun ein großes Problem. Wissen wir genügend über den Charakter Gottes um Ihm zu vertrauen? Vertrauen wir Seinen Aussagen in der Bibel, halten wir diese Wahrheiten fest und erwarten wir von Ihm, dass Er das tut, was Er versprochen hat? **(Jesaja 30,18)**. Und wenn nicht, können wir dennoch **Jesaja 50, 10** erwarten!

C. Vollkommen in Ihm

- Wenn Jesus wirklich Gott ist und Er alles ist was Er sagt, dann hat **Kolosser 2, 9-10** eine große Bedeutung für uns.
- Beachte Vers 9: Er ist vollkommen Gott. In Ihm wohnt die ganze Fülle der Gottheit. Wir wurden In Christus hineinplatziert **(1. Korinther 1,30)**. Darum sind wir vollkommen in Ihm, in Christus. Vollkommen. Alles ist enthalten. Der Vollständigkeit kann nichts mehr hinzugefügt werden.
- Er hat uns alles geschenkt **(2. Petrus 1,3)**. Er gab uns die vollkommene Begleichung unserer Sünden (sich selbst); er hat uns Gerechtigkeit gegeben; Er gab uns Seinen Stand vor Gott (Akzeptanz, Beziehung) und darüber hinaus Seine Weisheit, Gerechtigkeit, Gnade, Mitleid, Liebe, ewige Sicherheit und Gemeinschaft mit dem Vater. Alles was Christus ist und hat, gehört uns und wir sind in Ihm positionell vollkommen. Solange wir in den vollendeten

Werken Christi ruhen, bringt der Heilige Geist sie durch uns hervor.

- Das beinhaltet **a l l e D i n g e**. Es gibt absolut nichts, was man hinzufügen könnte. Diese „Vollkommenheit in Ihm" ist nicht nur die Position für die Ältesten, die Stärksten, die Verständigsten und für die reifen Christen, sondern auch für die Jüngsten, Schwächsten, Einfältigsten und unreifsten. Der Apostel Paulus sagt nicht, dass wir vollkommen sein werden oder vielleicht an einem bestimmten Punkt vollkommen sein werden oder wir vermutlich durch hoffen und beten eines Tages vollkommen sein werden. Wir sind vollkommen!!! Es ist geschehen!! Positionell.

- Das ist der Ausgangspunkt für jeden Christen. Positionell sind wir vollkommen in Ihm. Und unsere Aufgabe ist es, das zu glauben **(Kolosser 2,6)**.

- Es macht überhaupt keinen Sinn durch eigene Anstrengungen zu versuchen das zu erlangen, was uns Gott bereits geschenkt hat. Außerdem wirkt sich die Aneignung Seiner Gnade, auf unsere Beziehung mit Ihm, hinderlich aus.

- Unser primärer Fokus beim „Aufsehen zu Jesus" ist: Die Beschäftigung mit Christus und eine tiefe, bleibende Beziehung mit Gott durch Christus zu haben. Durch eigene Anstrengungen oder Bestreben unsererseits werden wir niemals eine tiefe, bleibende Gemeinschaft haben, wir werden niemals konsequent und stetig unseren Blick auf Ihn richten können. Es geschieht ausschließlich dadurch, dass wir Ihn kennen.

D. Gott kennen lernen

- Die Bibel ist eine Autobiografie die von Gott über Gott geschrieben und durch den Heiligen Geist inspiriert wurde. In vielen Schriftstellen wird der Charakter Gottes deutlich. Wenn wir uns dem Studium des Charakters von Daniel oder David oder Noah widmen, gewinnen wir nur ein klein wenig Erkenntnis vom Charakter Gottes **(Römer 1,18-31)**.

- Das folgende Zitat verdeutlicht das menschliche Dilemma:

„Die Vorstellung von Gott ist immer entscheidend für eine Gemeinde und bei einem Menschen ist nicht das, was er in einem bestimmten Moment sagt oder tut das Bedeutsamste, sondern seine Auffassung von Gott. ... Das Aufschlussreichste an einer Gemeinde ist stets ihre Vorstellung von Gott und ihre Botschaft ist gekennzeichnet von dem, was sie über Gott sagt oder verschweigt und manchmal ist ihr Schweigen beredter als alles Reden. ... Ich glaube kaum, dass es irgendwelche Irrtümer in der Lehre oder persönliches Versagen im praktischen Christenleben gibt, die nicht letzten Endes auf unvollkommene und auf geringe Gottesvorstellungen zurückgeführt werden könnten. ... Wer zum richtigen Gottesglauben gelangt, wird eine Menge irdischer Probleme los. Denn er erkennt sofort, dass diese durch Dinge entstehen, die ihn höchstens noch für eine kurze Zeit beschäftigen"... (Verfasser unbekannt)

Kapitel 6
Aufsehen zu Jesus
„Vertraut sein mit Jesus - Teil 1"

A. Verschiedene Meinungen über Jesus
Wenn wir 10 Leute auf der Straße fragen würden, oder besser noch 10 Christen was sie über Jesus denken, würden wir sehr wahrscheinlich zehn unterschiedliche Antworten bekommen.

B. „Selig ist, der sich nicht an mir ärgert"
- Es ist interessant was Jesus, wir erinnern uns an **Matthäus 1,23** – Immanuel „Gott mit uns", über sich selbst sagt: **„Selig ist, der sich nicht an mir ärgert** (keinen Anstoß an mir nimmt).
- Wenn wir aber die Evangelien lesen, werden wir kaum jemanden finden, der sich an einem bestimmten Punkt nicht über Ihn geärgert hätte. Wir lesen in **Markus 3,20-21:** Er sei von Sinnen, Er hätte den Verstand verloren, Er sei verrückt geworden.
- Einige Aktionen und Verhaltensweisen von Jesus, „Gott mit uns" wirken sehr befremdlich auf uns. Zum Beispiel verbringt er Zeit mit Matthäus, einem unehrlichen Zöllner und ein anderes Mal nimmt er eine Peitsche und vertreibt damit die Händler und Wechsler aus dem Tempel **(Johannes 2,13-16).**

- Er besteht darauf das Gesetz zu befolgen während Er gleichzeitig den Ruf eines Gesetzesbrechers hatte, weil Er ständig den Sabbat übertrat.

- Er hatte kompromisslose Ansichten von reichen Leuten und freizügigen Frauen und dennoch hatte Er Gemeinschaft mit ihnen.
- An einem Tag bewirkte Jesus Wunder und ein anderes Mal konnte ER wegen dem Unglauben der Leute nichts ausrichten **(Matthäus 13,58)**.
- Einmal konnte Er sich durch Flucht Seiner Verhaftung entziehen und dann marschierte Er, mit einem Gesicht so hart wie ein Kieselstein, direkt in Seine Verhaftung hinein.
- Einige Male stellte Er kühne Behauptungen von sich selbst auf und befand sich damit im Zentrum der Aufmerksamkeit aber wenn Er Wunder bewirkte, erwähnte Er sie nicht.

C. Zitat von Walter Wink

- Vor einigen Jahren machte Walter Wink diese Aussage: *„Wenn Jesus niemals gelebt hätte, wären wir nicht in der Lage Ihn zu erfinden".*

D. Einige Leute wurden von Jesus angezogen und andere lehnten Ihn ab

- Es ist interessant die Evangelien zu lesen und dabei zu sehen, wie Er einzelne Menschen förmlich anzog. Es mag beinahe so aussehen, als ob Jesus sich mit Menschen sehr viel wohler gefühlt hatte, die einen abscheulichen Charakter hatten. Zum Beispiel:
  1. die samaritische soziale Außenseiterin in Johannes 4.
  2. Die Frau die beim Ehebruch ertappt wurde in Johannes 8.
  3. Der betrügerische Zöllner in Matthäus 9.

- Andererseits wurde Jesus von angesehenen Leuten abgelehnt und abgewiesen:

1. Fromme Pharisäer die weltlich orientiert waren.
2. Ein reicher Jüngling der wegging.
3. Nikodemus, der Jesus im Dunkel der Nacht begegnete.

E. Jesus war ein Freund der Sünder
Sie liebten es bei Ihm zu sein während die selbstgerechten, religiösen Gesetzeslehrer Ihn abstoßend fanden.

- Die Evangelien erwähnen, dass Jesus sich acht Mal zu verschiedenen Anlässen zum Abendessen einladen ließ. Drei davon waren ziemlich normale Anlässe mit Freunden. Die anderen fünf jedoch waren ganz anders.

1. Jesus speiste mit Simon der aussätzig war. Ein Ausgestoßener. Aussätzige mussten gezwungenermaßen außerhalb der Stadt wohnen und „unrein, unrein" rufen sobald jemand in ihre Nähe kam. Zu allem Übel kam noch während dem Mahl eine respektlose Frau herein, die kostbares Salböl auf das Haupt von Jesus gegossen hatte. Dies veranlasste Judas das Essen angewidert zu verlassen, zum Hohen Priester zu gehen und Jesus zu verraten.

2. Bei einem weiteren Abendessen mit Simon, einem Pharisäer, salbte eine andere Frau Seine Füße mit kostbarem Salböl und trocknete sie mit ihren Haaren. Der Pharisäer war über ihre Tat wenig erfreut. Beachte jedoch die Antwort von Jesus in **Lukas 7, 44-49**.

3. Dann gab es noch am Sabbat ein Abendessen mit einem prominenten Pharisäer bei dem Jesus einen Menschen heilte **(Lukas 14,1-6)**.

4. Jesus herbergte bei Zachäus, einem Oberzöllner **(Lukas 19,1-10)**.

5. Jesus und seine Jünger liegen bei Matthäus zu Tisch, einem weiteren unehrlichen Zöllner **(Matthäus 9,9-13)**.

Auf der Suche nach Hinweisen

- Sucht man in der Bibel nach Gründen warum Sünder sich bei Jesus wohl fühlen und die Frommen eher unbehaglich, gelangt man zur Geschichte mit der Frau, die beim Ehebruch ertappt wurde, einem Verbrechen, das mit dem Tod bestraft wurde.
- In Johannes 8,3-11 können wir das Herz von Jesus erkennen, das Herz Gottes: Er vergibt Sünde die zugegeben wurde und darum geht die Ehebrecherin fort, ihr wurde verziehen.
- Die unbelehrbaren blinden Pharisäer, die ein Sündenbekenntnis ablehnten, entfernten sich, zwar überführt in ihrem Gewissen aber ohne Vergebung **(Johannes 3,19-21)**.

Gott liebt jeden!

- Obwohl die religiösen Führer entsetzt waren, hatte Jesus überhaupt kein Problem damit mit Kindern, Frauen, Sündern und Samaritern Gemeinschaft zu haben.
- Er berührte Unreine und wurde von Unreinen berührt: Menschen mit Lepra, Missgebildete, eine blutflüssige Frau, Wahnsinnige und Besessene. Obwohl das jüdische Gesetz vorschreibt, nach der Berührung einer kranken Person sich einen Tag lang zu reinigen, führte Jesus Massenheilungen durch bei denen er unzählige kranke Menschen berührte und sich dabei überhaupt nicht um die „Regeln der Verunreinigung" des Alten Testaments kümmerte.
- Jesus nörgelte nicht an Leuten herum damit sie die richtigen Dinge tun. Niemals schmeichelte Er ihnen, noch überredete oder bevormundete Er jemanden. Er nahm sie so an, wie sie waren: „Er kennt niemand nach dem Fleisch" **(2. Korinther 5,16)**.

Der Charakter Gottes

- In dem was wir bisher angeschaut haben, erkennen wir viel vom Charakter Gottes: Er versorgt hilflose und sündige Menschen. Warum? Weil sie diejenigen sind, die Seine Hilfe brauchen! In allem war und ist Er extrem beziehungsorientiert: Das spiegelt den Charakter Gottes.
- Er möchte Gemeinschaft mit uns haben. **Psalm 149,4; Offenbarung 3,20 und Hosea 5,15-6,1** beschreibt, wie Er sich die Gemeinschaft mit uns vorstellt und sich auch wünscht. Dazu noch **1. Korinther 1,9**.
- Wer ist Er? **2. Mose 3,13-15** (Ich bin … alles was du benötigst). Für all die verletzten und sündigen Menschen die von Christus angezogen wurden, war Er auf der Erde Gott-Mensch, war Er alles, was sie benötigt hatten (**Jeremia 23,23-24**).

- *„Gott ist immer der Erste und Gott wird ganz sicher auch der Letzte sein … Dem Menschen in Gottes Plan wurde gewährt etwas zu sagen aber niemals wurde ihm gewährt, das erste oder das letzte Wort zu haben. Das ist ein Vorrecht der Gottheit und Er wird es auch nicht seinen Geschöpfen überlassen. Der Mensch hat kein Mitspracherecht über den Zeitpunkt und den Ort seiner Geburt. Gott legt beides fest ohne den Menschen dabei um Rat zu fragen. Eines Tages ist sich der kleine Mensch dessen bewusst und akzeptiert die Tatsache seiner Existenz. Das ist die Geburtsstunde seines eigenen Willens, lange bevor er irgendetwas oder nichts zu sagen hat. Später strebt er und prahlt er und äußert trotzig seine Erklärung von individueller Freiheit und, ermutigt durch den Klang seiner eigenen Stimme, mag er seine Unabhängigkeit von Gott verkünden und sich selbst als einen Atheisten oder einen Agnostiker bezeichnen….*

Viel Spaß kleiner Mensch, du plapperst nur in der Zeit zwischen dem ersten Wort und dem letzten; du hattest am Anfang kein Mitspracherecht und du wirst auch zuletzt keines haben ... Es sollte uns demütig machen, wenn wir uns darüber im Klaren sind, wie zerbrechlich und schwach wir sind und ganz und gar abhängig von Gott, der alles ist, was wir brauchen ..." A. W. Tozer

Wie ist Jesus wirklich?

- Wir dürfen „Christus kennenlernen" (**Epheser 4,20**). Wir können von Ihm lernen: „Lernt von mir" (**Matthäus 11,28-30)** und **Apostelgeschichte 14,15-17** bezeugt uns, wie sanftmütig und demütig Er ist, wir entdecken Ihn aber auch im Buch Jona.

Kapitel 7
Aufsehen zu Jesus
„Vertraut sein mit Jesus - Teil 2"

- Wir haben in den unterschiedlichsten Bibelstellen Jesus betrachtet, wie Er während Seinem Leben auf dieser Erde umherzog um die ungeliebten und unwürdigen zu umarmen, Leute, die für den Rest der Welt keine Rolle spielten. Wenn wir uns ungeliebt fühlen oder unwürdig, oder wir scheinbar für andere bedeutungslos sind, werden wir, sobald wir im Glauben auf Jesus schauen, Ihn stets mit ausgestreckten Armen vor uns stehen sehen und immer bereit, um uns zu umarmen.
- Überall in der Bibel geht Jesus auf Menschen zu die für die Welt ohne Rang und Namen sind, um Zeit mit ihnen zu verbringen.
- In Lukas 8 wandte sich eine unreine Frau, scheu und voller Scham an Jesus, berührte Sein Gewand und hoffte, dass Er es nicht bemerken würde. Aber Er bemerkte es **(Lukas 8,43-48)**. Wenn wir auf Jesus schauen, wird es nicht unbemerkt bleiben. Selbst die Haare auf unserem Kopf sind gezählt.
- Das ist der wahre Charakter Gottes. Weißt du, wie wichtig du für Gott bist? **(Lukas 15,4 und 8; Lukas 15,11-31**: Der verlorene Sohn**)**.

A. Wie gut kennen wir Ihn?
- Bisher wurde häufig erwähnt, dass wir niemals von Jesus ergriffen sein können, Ehrfurcht vor Ihm haben werden, nie von Ihm aufgenommen werden können und niemals in Ihn verliebt sein können, bevor wir Ihn nicht wirklich kennen.

Eine tiefe Erkenntnis von Ihm ist so wichtig **(Epheser 1,17; Philipper 3,7-10; 2. Petrus 3,18)**.

- Wie gut kennen wir Jesus Christus? Wir würdigen oft das, was Jesus getan hat und was Er gerade für uns tut, aber in Wirklichkeit würdigen wir nicht Ihn selbst.
- In **Johannes 6,1-2** finden wir dafür ein gutes Beispiel. Die Volksmenge folgte Ihm, weil sie die Wunder sahen. Sie wollten unterhalten werden, sie wollten es wie im Zirkus haben, aber es ging ihnen dabei nicht um Jesus **(Matthäus 15,8)**.
- Wie wir aus den Schriftstellen deutlich erkennen können, geht es Jesus vor allem darum, Gemeinschaft zu haben. Er sucht nicht diejenigen, die Ihm nachfolgen, bewundern oder Zeit mit Ihm verbringen, wenn es ihnen dabei nur darum geht, was Er Wundervolles bewirken oder an Heilung und Wohlstand schenken kann, sondern vielmehr sucht Er diejenigen, die Ihn dafür bewundern, **wer Er ist** **(Psalm 37,4)**. David stärkte sich trotz der widrigen Situation in **1. Samuel 30,1-6** im Herrn. Er hielt nicht Ausschau nach Gott damit Er seine Umstände verändert. Er hielt nicht Ausschau nach einem Wunder Gottes, er suchte Gottes Gegenwart und hatte Gemeinschaft mit Ihm.

B. Jesus wendet sich von sensationsfreudigen Leuten ab

- Wir gehen nochmals zu Markus Kapitel 3. Es gibt etliche Schriftstellen aus denen hervorgeht, dass Jesus sich von den sensationsfreudigen Leuten abwendet. Diese folgen Ihm nur wegen Seinen Wundern.
- Philip Yancey nimmt in seinem Buch *„The Jesus I never know"* dazu Stellung: *„Wenn ich auf mein Leben als Christ zurückblicke, besonders auf die ersten Jahre, hatten Wunder für mich eine große Bedeutung. Ob es nun die*

Wunder von Jesus in den Evangelien waren oder die Wunder in meinem Leben, für die ich ständig gebetet hatte. Rückblickend war Gebet für mich wie ein Automat in den ich einen Wunsch einwarf und dafür ein Wunder bekam".

- Interessanterweise hat Jesus mehr als drei Dutzend Wunder vollbracht aber es scheint so, als ob diese Tatsache in den Evangelien heruntergespielt wird. Häufig gebot Er denen, die ein Wunder erlebt hatten, es niemandem zu sagen **(Markus 3,10-12; Markus 5,41-43; Markus 7,24 und 35; Markus 8,22-26 und 29-30).**
- Es scheint beinahe so, als ob Jesus sehr bald erkannte, dass die Begeisterung, die auf ein Wunder folgte, selten zu einem lebensveränderten Glauben führte.
- Der Glaube kann Wunder hervorbringen, aber Wunder erzeugen nicht unbedingt Glauben **(Lukas 16,30-31)**. Mit anderen Worten: Wenn sie nicht umkehren und ihre Meinung ändern nachdem sie Gottes Wort gehört haben, werden sie ihre Meinung auch nicht ändern, wenn sie ein Wunder erlebt haben **(Jeremia 23,29)**.

C. Jesus hat viele Wunder vollbracht
- Obwohl Wunder nicht unbedingt Glauben erzeugen oder sonst irgendeinen geistlichen Fortschritt, ist es wirklich interessant, dass Jesus ein Wunder nach dem anderen bewirkte. **Warum? (Matthäus 9,36; 14,14; 15,32; 20,34).**
- Aus den Schriftstellen geht hervor, dass Seine Liebe und Sein Mitleid für das Volk Sein Motiv waren um viele Wunder zu wirken. **Das ist der Charakter Gottes**!
  Das folgende Zitat von J. B. Stoney scheint genau dem zu entsprechen: *„**Vertrauen ist größer als Hingabe**. Jedermann weiß, dass eine gute Mutter viel lieber von ihrem Kind hören*

möchte, „Mutter, ich glaube du würdest für mich die ganze Welt geben," als „Ich würde dir die ganze Welt geben." Das finden wir auch im wahrhaftigen Herzen Gottes und wenn ich weiß, was Er wirklich für mich empfindet, dann kann ich vertrauensvoll und mutig zu Ihm kommen."

- Das wahre Herz Gottes zeigt sich in Seiner Güte gegenüber sündigen Menschen **(2. Mose 33, 18-19; 34,6)**: Barmherzig, gnädig, langsam zum Zorn und reich an Gnade **(Römer 2,4; Psalm 145,3-9)**.

- „Wie gesegnet sind wir doch, dass unser Vater geduldig ist und liebevoll und festgelegt hat, uns vollkommen aus irdischen Bindungen herauszulösen um uns in eine lebendige Gemeinschaft mit Ihm hineinzubringen. ... Seine Liebe wird nicht davor zurückschrecken unser Fleisch auf ein Häufchen Staub zu reduzieren das völlig verzweifelt ist und sterben muss ... Wir finden uns am äußersten Extrem unserer Belastbarkeit, der gesamte innere Bau unseres Lebens wird überwältigt, gesprengt und verbrannt; erschrick nicht furchtsame Seele, so verdirbt der Vater das Selbst ..." Verfasser unbekannt.

Kapitel 8
„Aufsehen zu Jesus:
Jetzt, immer, ausschließlich und nichts anderes"

A. Viele Menschen sind mit vielen Dingen beschäftigt, aber ein einziger beschäftigt sich mit Jesus, sehnt sich nach einer vertrauten Beziehung und bleibt bei Ihm

- Wir gehen noch einmal zu **Matthäus 26**. In diesem Kapitel sehen wir eine ganze Menge von Leuten die mit den unterschiedlichsten Dingen beschäftigt waren.

- Zuerst sehen wir die Hohen Priester, die Ältesten und Schriftgelehrten die damit beschäftigt waren, ihre hohen Positionen zu behaupten **(Matthäus 26, 1-5)**.

- Dann sehen wir Judas, der sehr viel mit dem Geld beschäftigt war **(Matthäus 26,14-16)**. Wir wollen Petrus nicht vergessen, der mit seinem Selbstvertrauen zu tun hatte **(Matthäus 26,33-35)**.

- Aber es gibt noch eine weitere Person die wir betrachten sollten. Das ist die Frau, die ein Glas mit kostbarem Salböl mitgebracht hatte um das Haupt Jesu damit zu salben **(Matthäus 26,6-13)**.
- Diese Frau zog es offensichtlich hin zu Jesus. Ihm galt ihre ganze Aufmerksamkeit. Sie mag eine elende Sünderin gewesen sein, aber ihre Augen wurden auf wundersame Weise geöffnet und sie erkannte, wer Jesus wirklich war und so kam sie zu dem Entschluss, dass nichts teuer genug war, um es Ihm zu geben.

B. Judas

- Wie gegensätzlich doch die Seele (Gedanken, Wille, Gefühle) dieser Frau im Vergleich zu Judas und Petrus war. Was dachte sie? Wonach sehnte sie sich? Was hatte sie für Gefühle? – Was dachten diese beiden? Wonach sehnten sie sich? Was hatten sie für Gefühle?
- Zunächst war da Judas, der habsüchtig war. Er war sehr mit dem Geld beschäftigt **(Johannes 12,4-6)**.
- Judas war zusammen mit Jesus während Seines öffentlichen Dienstes unterwegs gewesen. Er hatte Seine Reden gehört, Seine Wunder erlebt und Seine liebende Güte erfahren und dennoch kannte Er Ihn nicht wirklich.
- Sein Herz gehörte dem Geld. Der Geldbeutel war sein nächstes und liebstes Objekt. Satan, der durch das Fleisch wirken kann, wusste das und somit war klar, zu welchem Betrag er Judas kaufen konnte.
- Er verstand seinen Mann, wie er ihn versuchen und wie er ihn für seine Zwecke gebrauchen konnte **(Johannes 13,2)**.
- Denke an Judas. Denke an sein Leben. Denke an seinen Charakter. Denke an sein Ende **(Matthäus 27,3-5)**. Er mag Christus verkündet haben, aber er kannte Ihn nicht. Er glaubte nicht an Ihn und er hatte auch keine echte Beziehung zu Ihm.

C. Petrus

- Eine weitere Warnung haben wir in Petrus, wenn auch ein wenig anders.
- Es hat den Anschein als ob er Jesus wirklich geliebt hat, aber das kann so nicht stimmen, weil er sich selbst mehr geliebt hatte.
- Er prahlte damit was er tun würde, wenn er erst einmal von sich selbst befreit wäre. Er fiel in einen tiefen Schlaf obwohl

er beten sollte. Anstatt Jesus zu vertrauen und im Vertrauen auf Jesus zu ruhen, zog er sein Schwert.

- Er folgte Jesus aus sicherer Entfernung, wärmte sich am Feuer der Hohen Priester und schließlich verfluchte er sich selbst und schwörte, dass er Jesus niemals gekannt hatte **(Markus 14, 70-72)**.
- Wer hätte jemals gedacht, dass der Petrus von **Matthäus 16,16**, als Jesus fragte, was die Menschen sagen würden, wer Er sei, und Petrus geantwortet hatte, du bist der Christus, der gleiche Petrus ist, wie in **Markus 14**?
- Es scheint fast sicher zu sein, dass Petrus die Gelegenheit, Jesus für 30 Silberlinge zu verraten, zurückgewiesen hätte, dennoch war er zu feige Ihn vor einer Magd zu bekennen, weil er auf seinen Selbstschutz fokussiert war.
- Er hätte Ihn nicht verraten, aber ganz sicher hat er Ihn verleugnet. Das Geld hatte er nicht geliebt, aber ganz sicher liebte er sich selbst.

D. Die Frau mit dem Alabasterfläschchen

- Wir wenden uns der Frau mit dem Alabasterfläschchen zu. Was für ein Gegensatz zu Judas, Petrus, den Hohen Priestern, Ältesten und Schriftgelehrten.
- **Während** sich die Hohen Priester, Ältesten und Schriftgelehrten im Palast des Hohen Priesters versammelten und eine Verschwörung gegen Jesus beschlossen, salbte sie im Haus von Simon dem Aussätzigen Seinen Leib.
- **Während** Judas sich mit den Hohen Priestern einigte, Jesus für 30 Silberstücke zu verraten, goss sie alles was sie hatte über Ihn aus. Sie wurde vollständig vom Objekt ihrer Seele eingenommen, Jesus. Warum? Weil sie Ihn kannte und weil sie Ihm mit Hochachtung und Respekt begegnete **(Kolosserbrief)**.

- Diejenigen die den wahren Wert von Jesus nicht kannten, haben behauptet, ihr Opfer wäre Verschwendung gewesen. Diejenigen die Ihn für 30 Silberstücke hätten verkaufen können, konnten ihr vorschlagen, wie man das Geld den Armen hätte geben können, aber alldem schenkte sie keinerlei Beachtung weil sie in Christus ihren wahren Wert gefunden hatte **(Philipper 3,7-8)**.
- Sie konnten murren, aber sie konnte anbeten und ganz nah bei Jesus sein.
- Sie war der festen Überzeugung, dass es keine Verschwendung war was sie für Ihn ausgegeben hatte. Für einige mag Er nicht mehr als 30 Silberstücke wert gewesen sein, aber für sie gab es keine Beschränkung für den wahren Wert von Jesus: **Er war alles für sie. Ihn wollte Sie beschenken mit allem, was sie hatte: Er war es ihr wert!**

E. „Das Geistliche Geheimnis" von Hudson Taylor

Es folgt ein Auszug eines Briefes der von Hudson Taylor an seine Schwester geschrieben wurde.

„Der letzte Monat ist vielleicht der glücklichste meines Lebens gewesen. Vielleicht kann ich es klarer machen, wenn ich ein wenig weiter aushole.

*Vor sechs oder acht Monaten stand ich in großem innerem Kampf, da ich für mich persönlich wie auch für unsere Mission die Notwendigkeit sah, mehr Heiligung, geistliches Leben und Vollmacht zu haben. Doch meine persönliche Not stand an erster Stelle und war am größten. Ich spürte die Undankbarkeit, die Gefahr, **die Sünde, nicht näher bei Gott zu leben.** Ich betete, quälte mich, fastete, strebte, fasste gute Vorsätze, las das Wort eifriger, suchte mehr Zeit zur*

Meditation – doch alles war vergeblich. Fast jeden Tag, fast jede Stunde bedrückte mich das Bewusstsein der Sünde.

Ich wusste, dass alles wohl werden würde, könnte ich nur in Christus bleiben, doch ich konnte es nicht. Ich pflegte den Tag mit Gebet zu beginnen, fest dazu entschlossen, meine Augen nicht einen Augenblick von Ihm zu wenden, doch die Beanspruchung durch die Pflichten, die manchmal sehr anstrengend waren, und ständige Unterbrechungen, die so zermürbend sein können, ließen mich Ihn vergessen. Dann werden in diesem Klima die Nerven so gereizt, dass die Versuchung, nervös und ärgerlich zu werden, harte Gedanken zu denken und unfreundliche Worte zu sagen, immer schwerer kontrollierbar wird. Jeder Tag brachte sein Verzeichnis von Sünde, Versagen und Kraftlosigkeit. Wollen habe ich wohl, doch wie ich es ausführen wollte, wusste ich nicht. Römer 7,18. Statt stärker zu werden, schien ich schwächer zu werden und weniger Kraft gegen die Sünde zu haben. Und das war kein Wunder, denn selbst Glaube und Hoffnung nahmen ab. **_Ich hasste mich, hasste meine Sünde, doch hatte ich keine Kraft gegen sie._** Ich meinte, dass Heiligung, praktische Heiligung allmählich durch das fleißige Anwenden der Gnadengaben erreicht würde. Nichts wünschte ich so sehr als Heiligung, nichts brauchte ich dringender. Doch weit entfernt sie zu erlangen, entwand sie sich meinem Griff, je mehr ich danach strebte. Schließlich starb die Hoffnung fast dahin, und ich begann zu denken, dass Gott sie mir hier unten auf Erden nicht geben wollte, damit der Himmel vielleicht schöner würde. Ich glaube nicht, dass ich in meiner eigenen Kraft nach Heiligung strebte. Ich wusste ja, ich war kraftlos. Manchmal meinte ich fast, nun würde er mir helfen und mich aufrichten. Doch wenn ich am Abend wieder zurückblickte, gab es nichts als Sünde und Versagen zu bekennen und vor Ihm zu beklagen. **_Während der ganzen Zeit spürte ich deutlich, dass alles, was ich brauchte, in Christus war, doch die Frage war praktisch, wie es herausfinden._** Er war wirklich reich, doch ich war arm; er war stark, doch ich schwach. Ich wusste sehr wohl, dass sich in den Wurzeln und im Stamm überreichlich Nährsaft befand, doch die Frage war, wir ihn in meinen armseligen, kleinen Zweig zu bekommen. Als das Licht allmählich dämmerte, **_sah ich ein, dass der Glaube das einzige Erfordernis ist_** – ich brauchte nur die Hand auszustrecken, um seine Fülle zu der meinen zu machen. Doch diesen Glauben hatte ich nicht.

Ich strebte nach Glauben, doch er kam nicht. Ich versuchte ihn anzuwenden, doch vergeblich. Als ich die wunderbare Gnadenfülle, die in Jesus ist, mehr und mehr erkannte, das volle Genüge unseres herrlichen Heilandes, da schien mein Schuldgefühl und meine Hilflosigkeit noch zuzunehmen. Begangene Sünden schienen Kleinigkeiten verglichen mit der Sünde des Unglaubens, die ihre Ursache waren, und der Gott nicht bei seinem Wort nehmen konnte oder wollte, sondern ihn zum Lügner machte! **_Unglaube, so meinte ich, sei die verdammende Sünde der Welt. Doch ich gab mich ihr hin._** Ich betete um Glauben, doch er kam nicht. Was sollte ich tun?

Als mein Seelenkampf seinen Höhepunkt erreichte, war es ein Satz in einem Brief des lieben McCarthy, der dazu gebraucht wurde, mir die Schuppen von den Augen zu nehmen. **_Der Geist Gottes offenbarte mir die Wahrheit_** *unseres Einsseins mit Jesus*, wie ich es zuvor nie gesehen hatte. *(Ich zitiere aus der Erinnerung)*

Doch wie sollte der Glaube gestärkt werden? Nicht, indem man nach Glauben strebt, sondern indem man in dem Getreuen ausruhte.

Als ich das las, sah ich es plötzlich! Glauben wir nicht, so bleibt er treu. Ich blickte zu Jesus und sah, dass er gesagt hatte: „Ich werde dich nicht verlassen".

Ach es gibt eine Ruhe! Dachte ich. Ich war vergeblich bestrebt, in Jesus zu ruhen. Nun hatte ich aufgehört zu streben. Denn hat er nicht verheißen, in mir zu bleiben – mich nie zu verlassen, noch zu versäumen? Ach Liebste, er wird es nie tun.

*Wie groß schien mein Fehler gewesen zu sein, den Nährsaft, die Fülle, aus Ihm haben zu wollen! Ich sah nicht nur, dass Jesus mich nie verlassen wird, sondern dass **ich ein Glied an seinem Leibe bin, von seinem Fleisch und Blut.***

*Ach, meine liebe Schwester, **es ist etwas wahrhaft wunderbares, wirklich eins mit dem auferstandenen Heiland zu sein**, ein Glied Christi. Denke doch nur, was das alles mit sich zieht. Kann Christus reich und ich arm sein? Kann deine rechte Hand reich und deine linke Hand arm sein? Oder dein Kopf wohlgenährt sein, während dein Leib hungert? Nicht weniger können deine oder meine Gebete im Namen Jesu in Misskredit gebracht werden (d.h. wenn sie nicht nur um Jesu willen gebetet werden, sondern auf der Basis, dass wir sein sind, seine Glieder),*

*Das schönste dabei, wenn man davon sprechen kann, dass ein Teil schöner ist als der andere, ist **die Ruhe und der Friede, die die völlige Identifizierung mit Christus mit sich*** *bringt*. Jetzt, da ich das erkenne, bin ich über dies oder jenes nicht mehr besorgt, denn ich weiß, er ist fähig, seinen Willen auszuführen, und sein Wille ist meiner. Es ist unwesentlich, wohin oder wie er mich hinstellt. Das geht eher ihn an als mich. **Denn in den einfachsten Situationen muss er mir seine Gnade geben, und in den schwierigsten wird seine Gnade auch genügen.** Sollte Gott mich in ernsthafte, verworrene Umstände stellen, muss er mir Wegweisung geben, in Notlagen viel Gnade, in Bewährungsproben viel Kraft. Wir brauchen keine Angst zu haben, dass seine Hilfsquellen den Notlagen nicht gewachsen sind! Und seine Hilfsquellen sind mein, er ist mit mir und lebt mit mir.

Und da Christus im Glauben so in meinem Herzen wohnt, wie glücklich bin ich seither! Ich bin nicht besser als zuvor. In gewissem Sinne möchte ich das auch nicht und strebe auch nicht danach. **Doch bin ich gestorben und mit Christus begraben – ja, doch auch auferstanden! Und nun lebt Christus in mir, doch was ich jetzt lebe im Fleisch, das lebe ich in dem Glauben des Sohnes Gottes, der mich geliebt hat und sich selbst für mich dahingegeben.**

Mit anderen Worten, lass uns ihn nicht von weither betrachten, wenn uns Gott doch eins mit ihm gemacht hat, Glieder seines Leibes.

Und jetzt muss ich schließen. Möge Gott es dir schenken, dass du dir diese segensreichen Wahrheiten zu eigen machen kannst."

F. Theodore Monod's Broschüre „Aufsehen zu Jesus"

- Wir richten nun unsere Aufmerksamkeit auf eine kleine Broschüre mit dem Titel „Aufsehen zu Jesus". Sie wurde

1862 von dem französischen Pastor Theodore Monod geschrieben und bisher in viele Sprachen übersetzt.

- Dieses kleine Buch hatte offensichtlich einen ziemlich langen Einfluss auf die Christenheit. Zwei Jahre nach seinem ersten Erscheinen wurde es ins Englische übersetzt und seitdem vielfach nachgedruckt.
- Im Wesentlichen besteht es aus 47 unterschiedlichen „Blicken auf Jesus".
- Das Buch beginnt mit „Aufsehen zu Jesus".
- In der Heiligen Schrift lernt man wer Er ist und was Er getan hat, was Er gibt und was Er möchte.
- Wir beginnen mit der Frage: Was sagt die Bibel darüber aus, wer Jesus wirklich ist? Wer ist Er?
- Es könnte hilfreich sein zu erwähnen, dass es in der Bibel über 100 biblische Namen für Jesus gibt, welche den eigentlichen Zweck haben, Ihn kennen zu lernen. Jeder einzelne Name beschreibt wirklich ein kleines bisschen mehr, wer Er eigentlich ist.
- Heutzutage legen wir nicht mehr sehr viel Wert auf die Bedeutung von Namen.
- Bei der Namenswahl für ein Neugeborenes orientieren sich die Eltern an einen besonderen Freund oder einen Verwandten oder sie wählen einen einprägsamen Namen der sich von vielen anderen unterscheidet und die Aufmerksamkeit entweder auf das Kind oder seine Eltern lenkt.
- Zu biblische Zeiten jedoch war das ganz anders. Die Bedeutung eines Namens war damals sehr wichtig.
- Wie vorher bereits angedeutet, gibt es etwa 117 biblische Namen für Jesus und jeder einzelne wurde ganz gezielt in der Bibel platziert, um der Menschheit offen zu zeigen, wer Jesus wirklich ist.

- Einige dieser Namen wollen wir uns näher anzuschauen.

Anwalt	Anfang und Ende
Engel des Herrn	Gesalbter
Bischof	eherne Schlange
Brot des Lebens	Bräutigam
Heller Morgenstern	Anführer
Hirte	Christus
Befehlshaber	Eckstein
Sonne	Befreier
Tür zum Schafstall	Immanuel-Gott mit uns
ewiger Vater	Ebenbild Gottes
Freund der Sünder	Herrlichkeit Gottes
Gott	Gabe Gottes
Der gute Hirte	Haupt der Gemeinde
Erbe aller Dinge	Hoher Priester
Der Heilige Gottes	Horn des Heils
Jesus	Richter
König Israels	Lamm Gottes
Herr der Herren	Meister
Mittler	Messias
eingeborener Sohn	Arzt
Gottes Kraft	Friedefürst
Versöhner	Reiniger
Löser	Heiland
Veredler	Zuflucht
Auferstehung und Leben	Gerechtigkeit
Fels	Opfer
Zweiter Adam	Diener
Hirte	Sohn David's
Sohn Gottes	Menschensohn

- Wie bereits erwähnt, enthält das Büchlein 47 unterschiedliche Sichtweisen um „auf Jesus zu schauen".
- Einige Gedanken dazu:
Durch die verschiedensten Bibelstellen **aufsehen zu Jesus** um zu sehen, wer Er ist.

Auf den gekreuzigten Jesus schauen um den Wert Seines Blutes am Kreuz zu begreifen.

Aufsehen zu Jesus um täglich Gnade, Barmherzigkeit und Friede von Ihm zu empfangen **(1. Timotheus 1,2)**.

Gnade bedeutet, das zu empfangen, was wir nicht verdient haben **(Römer 5,2)**.

Barmherzigkeit bedeutet, nicht das zu empfangen, was wir verdient haben **(Psalm 136)**.

Friede bedeutet, Frieden mit Gott **(Römer 5,1)** und Frieden von Gott **(Römer 1,7)**. Den Frieden Gottes **(Philipper 4,6-7; Kolosser 3,15)**.

Aufsehen zu Jesus um von uns selbst wegzuschauen und uns dabei selbst zu vergessen. Wie gelingt das am besten? Durch das Kreuz!

Aufsehen zu Jesus, der zum Vater zurückgekehrt ist um uns dort eine Wohnung zu bereiten. In dem Wissen dieser Wahrheit sind wir mit Frieden in unserem Herzen fähig, in Hoffnung zu leben und nach vorne zu schauen, bis zu dem Tag, an dem der Herr uns zu sich nach Hause ruft **(Philipper 3,14)**.

Aufsehen zu Jesus, dessen gewisse Wiederkehr wir zu einem ungewissen Zeitpunkt erwarten und der die Hoffnung der Gemeinde ist **(Philipper 3,14)**.

Aufsehen zu Jesus und nicht auf uns selbst, noch auf unsere Meinungen, Einstellungen, Vorlieben oder Wünsche.

Aufsehen zu Jesus und nicht auf diese Welt **(1. Johannes 5,4-5)**.

Aufsehen zu Jesus und nicht auf den Widersacher schauen. Obwohl er uns versuchen möchte, täuschen und anklagen, werden wir ihm nicht einen Augenblick unserer Aufmerksamkeit schenken wenn wir am Fuße des Kreuzes leben und uns dabei ständig mit Christus beschäftigen.

Aufsehen zu Jesus und nicht auf unsere Gebete schauen, unsere frommen Unterhaltungen oder unsere heiligen Gebetstreffen. Viele Christen werden getäuscht indem sie sich auf ihre Gebete verlassen (Das Gebet steht dabei im Fokus und nicht Jesus!).

Aufsehen zu Jesus … und nicht auf unsere Position in der Gemeinde

Aufsehen zu Jesus … und nicht auf unsere Geschwister

Aufsehen zu Jesus … und nicht auf Seine oder unsere Feinde

Auf Jesus schauen … und nicht auf unsere Umstände

Aufsehen zu Jesus … und nicht auf unsere Interessen

Aufsehen zu Jesus … und nicht auf unsere guten Absichten

Aufsehen zu Jesus … und nicht auf unsere Stärke

Aufsehen zu Jesus … und nicht auf unsere Schwachheit

Aufsehen zu Jesus … und nicht auf unsere Sünde

Aufsehen zu Jesus … und nicht auf unsere Gerechtigkeit

Aufsehen zu Jesus … und nicht auf das Gesetz

Aufsehen zu Jesus … und nicht auf das was wir für Ihn tun

Aufsehen zu Jesus … und nicht auf unseren Erfolg

Aufsehen zu Jesus … und nicht auf unsere geistlichen Gaben

Aufsehen zu Jesus … und nicht auf unsere Sorgen

Aufsehen zu Jesus … und nicht auf unsere Siege

Aufsehen zu Jesus … und nicht auf unsere Niederlagen

Aufsehen zu Jesus … und nicht auf unseren Glauben

Aufsehen zu Jesus … und nicht auf unsere Freude

Aufsehen zu Jesus … und nicht auf unsere Zweifel

Aufsehen zu Jesus … um Erkenntnis zu empfangen

Aufsehen zu Jesus … so lange wir auf dieser Welt sind

Aufsehen zu Jesus … jetzt

Aufsehen zu Jesus … ausschließlich

Aufsehen zu Jesus … immer

Aufsehen zu Jesus … und sonst gar nichts!

In jedem Buch der Bibel wird Jesus uns mehr und mehr bekannt gemacht. Im Alten Testament mag es eher ein physisches Abbild mit geistlicher Wahrheit gewesen sein um den Charakter Christi zu offenbaren, während es im Neuen Testament die Person Christus ist, aber wohin wir auch in der Bibel schauen, Er ist immer da.

Name über allen Namen

Im 1. Buch Mose ist Jesus der Widder auf Abrahams Altar

Im 2. Buch Mose ist Er das Passahlamm

Im 3. Buch Mose ist Er der Hohe Priester

Im 4. Buch Mose ist Er die Wolke bei Tag und die Feuersäule bei Nacht

Im 5. Buch Mose ist Er unsere Zufluchtsstadt

In Josua ist Er die rote Schnur am Fenster Rahab's

Im Buch der Richter ist Er unser Richter

Im Buch Ruth ist Er unser blutsverwandter Erlöser

Im 1. und 2. Buch Samuel ist Er unser vertrauenswürdiger Prophet

In Könige und den Chroniken ist Er unser regierender König

In Esra ist Er unser treuer Schriftgelehrte

In Nehemia ist Er der Wiederhersteller von allem, was zerbrochen ist

In Esther ist Er Mordechei, der treu im Tor des Königs saß

In Hiob ist Er unser Erlöser der ewig lebt

In den Psalmen ist Er mein Hirte und mir wird nichts mangeln

In den Sprüchen und im Prediger ist Er unsere Weisheit

Im Hohelied ist Er der wunderschöne Bräutigam

In Jesaja ist Er der leidende Gottesknecht

In Jeremia und in den Klageliedern ist Jesus der weinende Prophet

In Hesekiel ist Er der wundervolle Mann mit den vier Gesichtern

Im Buch Daniel ist Er der vierte Mann im Feuerofen

In Hosea ist Er meine Liebe, die ewig treu ist

In Joel tauft Er uns mit dem Heiligen Geist

In Amos ist Er unser Lastenträger

In Obadja unser Retter

Im Buch Jona ist Er der große fremde Missionar, der Gottes Wort in die Welt hinausträgt

In Micha ist Er der Bote

In Nahum ist Er der Rächer

In Habakuk ist Er der Wächter, der um Erweckung bittet

In Zefanja ist Er der mächtige Retter

In Haggai ist Er der Restaurator vom verlorenen Erbe

In Sacharja ist Er unsere Quelle

In Maleachi ist Er der Sohn der Gerechtigkeit mit Heilung unter seinen Flügeln

In Matthäus ist Er der Christus, der Sohn des lebendigen Gottes

In Markus ist Er der Wundertäter

In Lukas ist Er der Menschensohn

In Johannes ist Er die Tür, durch die jeder von uns hindurchgehen muss

In der Apostelgeschichte ist Er das helle Licht, von dem Saulus auf der Straße nach Damaskus umstrahlt wurde

In Römer ist Er derjenige, der uns rechtfertigt

In 1. Korinther ist Er unsere Auferstehung

In 2. Korinther ist es Er, der unsere Sünden trägt

In Galater erlöst Er uns vom Fluch des Gesetzes

In Epheser ist Er unser unbegreiflicher Reichtum

In Philipper versorgt Er uns mit allem, was wir benötigen

In Kolosser ist Er die Fülle der leibhaftigen Gottheit

In 1. und 2. Thessalonicher ist Er unser König, der bald wiederkommt

In 1. und 2. Timotheus ist Er der Mittler zwischen Gott und den Menschen

In Titus ist Er unsere glückselige Hoffnung

In Philemon ist Er ein Freund der uns näher ist, als ein Bruder

In Hebräer ist Er das Blut des ewigen Bundes

In Jakobus ist Er der Herr der die Kranken heilt

In 1. und 2. Petrus ist Er der Oberhirte

In 1., 2. und 3. Johannes ist es Jesus, der eine besondere zarte Liebe hat

In Judas ist Er der Herr, der mit 10.000 Heiligen kommt

In der Offenbarung: Blicke auf die Gemeinde, eure Erlösung naht, Er ist König der Könige und Herr der Herren.

G. Die Liebe, die Gott zu uns hat. Damit ging das vorige Kapitel zu Ende

- Gott ist Liebe – **(1. Johannes 4,7-10; 2. Korinther 5,14; Epheser 3,16-19; 1. Johannes 4,19).**
  Was ist nun die Wahrheit über Gott und Seiner Liebe zu uns?

- Gott ist für uns, nichts kann uns von Seiner Liebe trennen – **(Römer 8,28-39;1. Mose 39; Psalm 118,6-8; 124;1-2; Epheser 2,4-7).**

H. Abschluss

- Wir wollen gut achthaben auf das, was in unserem Herzen am wichtigsten ist.
- Sind wir wie die Hohen Priester, Älteste, Schriftgelehrten, Judas und Petrus die mit allem anderen außer mit Jesus beschäftigt waren? Oder sind wir wie die Frau mit dem Alabasterfläschchen, die vollkommen mit dem Objekt ihres Herzens beschäftigt war – Jesus?

Kapitel 9
Aufsehen zu Jesus
„Mit Jesus verbunden"

Wir schauen uns den Kommentar von Paulus in **Philipper 3,7** an: *„Aber was auch immer mir Gewinn war, das habe ich um Christi willen für Verlust gehalten."* Vor seiner Bekehrung hatte Saul viel in der Welt erreicht. Er bekam Auszeichnungen, im Judentum erzielte er mehr Fortschritte als seine Kollegen, der Gerechtigkeit nach dem Gesetz war er untadelig geworden, sein Eifer, sein Wissen und seine Moral hatten den höchsten Standard. Doch von dem Augenblick an, in dem Christus ihm auf dem Weg nach Damaskus erschien, veränderte sich alles **(Apostelgeschichte 9, 3-4)**.

Seine beiden Äußerungen in Vers 5-6 sind besonders zu erwähnen (es gibt Unterschiede in den Bibelübersetzungen): „Wer bist du, Herr" und „Herr, was willst du, dass ich tun soll?". Mit einem Mal wurde das, was ihm vorher Gewinn war, seine Gerechtigkeit, Bildung und sein moralischer Standard völlig wertlos und in seinen Augen gleichwie Dreck **(Philipper 3,8)**.

Die Offenbarung der Herrlichkeit Christi hatte sein gesamtes Denken, seine Gesinnung und sein Wesen verändert. Alles was er bis dahin als Gewinn ansah, wurde nun als Verlust angesehen ....

Warum? Weil er alles was ihm bisher wichtig war in seiner Beziehung mit Christus gefunden hatte. Jesus Christus verdrängte alles im Herzen von Paulus. Alles was einmal zu Paulus gehörte, wurde jetzt von Christus ersetzt.

Je mehr wir verstehen was der Autor des Hebräerbriefes mit Kapitel 12 Vers 2 im Sinn hatte als er sagte: „Aufsehen zu Jesus", umso mehr können wir uns von allen Dingen lösen, die für uns Gewinn waren und weswegen wir uns gerühmt haben. Was auch immer das sein mag, es führt nur zur Selbstverherrlichung. Ob es Gerechtigkeit, Moral, Ehrbarkeit, Reichtum, Ruhm oder Intelligenz ist, für unsere Beziehung mit Christus sind sie ein absolutes Hindernis.

A. Zitat:

- *Der Heilige Geist bewirkt in uns das Wegschauen von uns selbst und das Hinschauen auf Jesus. Unser Fleisch wirkt dem entgegen, weil es viel lieber mit sich selbst beschäftigt ist als mit Christus und ohne die Hilfe des Heiligen Geistes würden wir in diesem Stadium steckenbleiben.*

- Wir müssen bedenken, dass unser Festhalten an Christus uns nicht rettet – es ist Christus.
- Es ist nicht unsere Freude in Christus die uns rettet – es ist Christus.
- Es ist nicht einmal unser Glaube der uns rettet, obwohl er ein Instrument dazu ist, es ist Christus.
- Darum schauen wir nicht so sehr auf unsere Hände mit denen wir Christus festhalten, vielmehr schauen wir auf Christus.
- Wir schauen nicht auf unsere Hoffnung – sondern lieber auf Jesus, der die Quelle unserer Hoffnung ist.
- Wir schauen nicht auf unseren Glauben, sondern auf Jesus, welcher der Anfänger und Vollender unseres Glaubens ist.
- Wir werden niemals unser Glück finden, wenn wir auf unsere Gebete schauen, unsere Werke oder unsere

Gefühle. Nur Jesus gibt der Seele Ruhe und nicht das was wir sind, oder tun.

- Wir überwinden die Welt, das Fleisch und den Teufel durch „Aufschauen zu Jesus".
- Wir schauen ständig auf Ihn, ruhen in Seinem Sterben, Seinen Leiden, Seinen Verdienst, Seinen Ruhm und Seiner Fürbitte.
- Wenn wir am Morgen aufwachen, „schauen wir auf Ihn", wenn wir am Abend zu Bett gehen, „schauen wir auf Ihn".
- Wir folgen Ihm nach aus Gnade, durch Glauben.

B. Ein großes menschliches Problem

- Allerdings steht da etwas im Weg das uns davon abhält Jesus nachzufolgen und in letzter Zeit wurde das häufig angesprochen, **das Fleisch**.
- Auf besondere Art wirkt das Fleisch gegen uns indem es uns täuscht. Beachte, dass die Wurzel des Fleisches, seine Herkunft in Satan begründet ist und dass er ein Meister der Täuschung ist **(Johannes 8,44)**.
- Es wäre gut daran zu denken, dass der Mensch von Anfang an, es geht zurück bis zum Garten Eden in dem der Mensch durch die Schlange betrogen wurde, ein großes Problem damit hat, die Wahrheit zu erkennen.

C. Eine große menschliche Not

- Wir gehen sogar so weit um zu sagen, dass die größte menschliche Not die ist, **die Wahrheit zu kennen. Nicht nur die Wahrheit über Gott, sondern auch die Wahrheit über sich selbst.**

- *Die „Gnadenbotschaft" bekundet uns, gleichgültig ob wir pflichtbewusst oder besonders andächtig sind, dass wir aus* uns heraus kein wirklich gutes christliches Leben führen können ... Vielleicht ist das der Grund wieso wir steckenbleiben, die Ursache unseres eigentlichen Dilemmas. Wir schwanken zwischen Selbstverdammnis und beglückwünschen uns selbst, weil wir verblendet sind und denken, irgendwie bekommen wir das hin. Wir entwickeln wegen unserer guten Werke ein falsches Gefühl der Sicherheit und befolgen kompromisslos das Gesetz. Dabei wird unser Heiligenschein immer enger und zum Vorschein kommt eine sorgfältig verschleierte Haltung von moralischer Überlegenheit. Oder aber wir sind von unserer Widersprüchlichkeit schockiert, am Boden zerstört, weil wir unsere hochgesteckte Erwartung an uns selbst nicht erfüllt haben. Die Achterbahnfahrt zwischen Begeisterung und Depression geht weiter. Warum? Weil wir unsere Nichtigkeit nicht vor Gott bringen und infolgedessen nicht in die tiefste Realität unserer Beziehung mit Ihm hineingegangen sind. Aber wenn wir die Verantwortung für unsere Machtlosigkeit und Hilflosigkeit akzeptieren, wenn wir zugeben, dass wir arme Leute sind, die an der Tür zu Gottes Barmherzigkeit stehen, dann kann Gott etwas Wunderbares aus uns machen. Brennan Manning

- Wenn wir jemals einen „Aufsehen zu Jesus" - Lebensstil entwickeln und uns auf Ihn ausrichten wollen, dann müssen wir die Wahrheit kennen **(Johannes 8,32)**.
- Interessanterweise glauben viele Christen heutzutage, dass sie gute Menschen sind, treu ergebene Christen und dass eigentlich alles mit ihnen stimmt.
  In **1. Johannes 1,6-10** werden drei Schritte beschrieben die wir scheinbar auf dem Weg unserer Selbsttäuschung gehen.

- Der erste Schritt steht im Vers 6. Dabei finden wir folgendes: „Wir lügen und tun nicht die Wahrheit". Mit anderen Worten heißt das, wir vermitteln anderen einen Eindruck von uns selbst, der nicht wahr ist. **Wir leben eine Lüge obwohl keine Lüge aus unserem Mund kommt.** Da gibt es so viel von uns, was wir vor anderen verbergen.
- Der zweite Schritt steht in Vers 8. In dem lesen wir: „Wir betrügen uns selbst und die Wahrheit ist nicht in uns". Im Wesentlichen sagt Johannes, dass wir so lange eine Lüge gelebt haben, dass wir nun auch an sie glauben.
- Anfangs haben wir andere getäuscht und jetzt täuschen wir uns selbst. An diesem Punkt glauben wir wirklich, dass wir die Sorte von Leuten sind, die etwas aus sich gemacht haben. Wir sehen uns selbst genauso, wie die Pharisäer in **Lukas 18,10-12** beschrieben werden.
- Schritt drei steht in Vers 10: „Wir machen Ihn zum Lügner". All das hat uns zu dem Punkt geführt an dem, wenn der Herr uns unsere Sünden, unser wirkliches Selbst zeigt, wir sofort antworten und sagen „das stimmt nicht Herr, du hast da einen Fehler gemacht, du zeigst auf den falschen Menschen". **Wenn wir behaupten, dass wir nicht gesündigt haben, wenn Gott uns das sagt, dann machen wir Ihn zum Lügner.**
- **Es ist einleuchtend, dass unsere erste und grundlegende Not die ist, sich selbst ganz genau zu kennen. Die Wahrheit über sich selbst zu wissen, so wie Gott sie sieht, ist der erste Schritt zur Errettung: Wir wissen das wir Sünder sind und das wir uns selbst nicht retten können.**

„Gott hat alles aus dem Nichts erschaffen und alles was Gott gebrauchen möchte, reduziert er zu nichts ...

In allen geistlichen Schriften über Tiefe wird die Notwendigkeit aufgezeigt, das Selbst (das Fleisch) zu brechen ... Das selbst bestimmte Leben muss sterben und das Kreuz ist der einzige Weg ...

Wenn ich mir allerdings selbst überlassen bin, dann werde ich mir nicht durch Glauben die Wahrheit des Kreuzes zu eigen machen, sondern ich möchte lieber mein eigenes Golgatha haben. Ich werde mich selbst für meine selbstsüchtigen Motive kreuzigen und weil ich anderen voller Stolz gezeigt habe, dass ich arm bin, leidend und ein heiliger Märtyrer, nur um damit ihre Aufmerksamkeit und Bestätigung zu bekommen ...

Solche falsche Demut ist ein Schandfleck auf dem Christentum und ein Kennzeichen von viel zu vielen Leitern. Thomas Merton schrieb: „Viele glauben, dass ihr Stolz der Heilige Geist ist und diese Krankheit ist am gefährlichsten, wenn es dabei auch noch wie Demut aussieht" ...

Wenn ein stolzer Mann denkt er wäre demütig, ist sein Fall hoffnungslos ...

Unsere Rolle ist die, so wie wir von vielen gelehrt wurden die vor uns her gegangen sind, dass wir uns im Glauben hingeben und nicht gegen die Holzpfähle ankämpfen, die hineingestoßen werden in unsere arrogante und kleinliche Ichbezogenheit ... " Verfasser unbekannt.

D. „Ich bin die Wahrheit"

- An diesem Punkt wird Jesus zu all dem was wir benötigen. **Johannes 14,6 „Ich bin** die Wahrheit".
- Wie bereits erwähnt ist es wichtig zu verstehen, dass Jesus hier nicht gesagt hat, dass Er uns die Wahrheit lehren wird oder dass Er uns in sie hineinführen wird, sondern dass Er selbst die Wahrheit ist. Wenn wir die Wahrheit über uns selbst wissen wollen, dann betrachten wir Jesus am Kreuz

wo wir die ganze Wahrheit über die Sünde, über Menschen und über Gott sehen können.

- Wenn wir nirgendwo sonst Gottes Einschätzung von der menschlichen Fähigkeit, sich selbst helfen zu können, erkennen, dann können wir das ganz sicher am Kreuz.
- **In Römer 8,3** sehen wir, dass Jesus in Gleichgestalt des Fleisches der Sünde war und das bedeutet, dass Er stellvertretend für uns dort hing.
- Als unser Stellvertreter rief Er: „Mein Gott, mein Gott, warum hast du mich verlassen?" **(Matthäus 27,46)**
- Es ist offensichtlich, dass Gott Seinen Sohn nicht als den Sohn verlassen hat, sondern Er verließ seinen Sohn als Mensch, darin war Er uns gleich.
- **Die ausgestoßene, leidende Gestalt am Kreuz war niemand anderes als du und ich.** Dort und für jeden sichtbar ist die nackte Wahrheit über viele, Christ oder nicht Christ.
- Wenn ich Gottes Meinung über die menschliche Fähigkeit sich selbst zu helfen nirgendwo sonst erkennen kann, dann kann ich sie ganz sicher am Kreuz erkennen.

Zitat:

„Einerseits glauben wir, dass wir den Tod verdient haben und dass wir in unseren Übertretungen bereits tot sind. Andererseits denken wir, dass wir, solange wir noch atmen, irgendwie Gott von Nutzen sein könnten. Wir denken, dass wir versagt haben, weil wir in unserer Entschlossenheit nicht stark genug waren und dass wir es beim nächsten Mal besser machen werden ... Wir denken, dass wir versagt haben, weil wir nicht wachsam genug waren und dass wir bei der nächsten Versuchung wachsamer sein werden ... Wir denken, dass wir versagt haben, weil wir der Versuchung nicht widerstanden haben und dass wir beim nächsten Mal

der Versuchung widerstehen werden ... <u>Wir denken</u>, dass wir versagt haben, weil wir nicht genug gebetet haben und das wir uns das nächste Mal beim Beten mehr anstrengen werden ...

Schauen wir uns das einmal genauer an ...

Gott hat uns am Kreuz gekreuzigt und uns gesagt, dass wir tot sind ... Aber wir haben weder gesehen das wir tot sind, noch haben wir unseren Tod anerkannt, noch haben wir geglaubt das wir tot sind ... Wir hoffen meistens, dass die Flamme, die bereits ausgelöscht wurde, wieder aufflammen wird, wenn wir sie nur wieder anfachen ... (Darum fächeln wir auch die ganze Zeit)

Sehen wir der Tatsache ins Auge, dass Gott seine Hoffnung in unsere Fähigkeit aufgegeben hat und wir müssen die Hoffnung in unsere eigene Fähigkeit auch aufgeben ...

Wenn wir die Hoffnung in unsere eigene Fähigkeit aufgeben, werden wir erleben was es heißt „nicht mehr länger ich" ...

Watchman Nee

- Die Wahrheit, schmerzhaft und demütigend kam mit Jesus Christus um all unsere vergeblichen Meinungen über uns selbst zu zerschlagen.

„Oh, dass wir ständig die Vision von einer überreichen Ernte bekommen, wenn der große Meister-Pflüger kommt, so wie Er es oft tut und durch unsere Seelen pflügt, entwurzelt und umgräbt was wir dachten, dass es so gut sei und unseren gequälten Anblick auf das Wertlose und Unschöne hinterlässt ..." Verfasser unbekannt.

- Und dennoch kam nicht nur die Wahrheit über uns selbst durch Jesus Christus, sondern auch die Wahrheit über Gott und Seiner Liebe zu uns.
- Wenn wir uns selbst überlassen sind, behauptet unser schlechtes Gewissen, dass Gott uns einen unmöglich hohen moralischen Standard gegeben hat und im Fall unseres Scheiterns einen großen Stock benutzen wird.
- Aber das Kreuz gibt uns ein anderes und wahres Bild von Gott. Unsere Sünden rechnet Er nicht uns zu, sondern Er lädt sie auf Seinen Sohn (**2. Korinther 5,19 + 21**).
- Wenn wir in das entstellte Gesicht von Jesus Christus schauen, dann sehen wir, dass Gott nicht gegen Sünder ist, sondern für uns. In Christus hat Er keine unerreichbaren Standards gesetzt, sondern Er kam um Vergebung anzubieten und Er gibt uns beides, die Kraft und das Vollbringen um Seine Standards zu erreichen (**Philipper 2,13; Römer 8,4; 1. Thessalonicher 5,24**).
- Bedenke, „das Gesetz kam durch Mose, die Wahrheit und die Gnade kam durch Jesus Christus".

E. Zitat eines gläubigen Schriftstellers:

„Wir müssen durch Zeiten der Not reisen aus dem einfachen Grund, damit uns Jesus zu allem wird was wir brauchen; jedoch muss der alte Mensch zuerst zu nichts werden und oftmals ist es eine lange Reise in der Geschichte der Seele, um zu diesem Punkt zu kommen. Der Vater muss den alten Menschen zum Nichts bringen und obwohl das Fleisch sehr gut mit Addition und Multiplikation umgehen kann, wird es sehr wohl gegen Subtraktion und Reduktion Einspruch erheben und nicht zulassen, zu einer Null gemacht zu werden. Daher die langen, trockenen und schmerzvollen Jahre mit Selbstbeschäftigung (Phase 1 und 2) durch welche

viele Gläubige sich in kleinen Schritten auf ihrem Weg des geistlichen Fortschritts dahinschleppen. Die Selbstzufriedenheit und das Selbstbewusstsein muss attackiert und reduziert werden bis schlussendlich der Gläubige an seinem persönlichen Endpunkt angelangt ist und deutlich erkennen kann, dass Christus alles ist."

F. **Wir haben die Liebe Gottes zu uns betrachtet, Gott ist Liebe**
   1. Johannes 4,7-10; 2. Korinther 5,14; Epheser 3,16-19; 1. Johannes 4,19. Wie lautet die Wahrheit über Gott und Seiner Liebe für uns?

G. **Gott ist für uns, nichts kann uns trennen von Seiner Liebe**
   Römer 8,28-39; 1. Mose 39; Psalm 118,6-8; 124,1-2; Epheser 2,4-7

H. **Der Herr ist mein Anteil**
   Klagelieder 3,24; Psalm 73,26 – Er ist alles was ich benötige

I. **Gott hält Gutes für uns bereit**
   Jeremia 29,11; Epheser 2,10; Römer 8,28; Psalm 139,17

J. **Seine Güte währt ewiglich**
   Psalm 136; 103,8; Klagelieder 3,22-23

K. **Er wird uns nicht verlassen noch versäumen**
   Hebräer 13,5; 5. Mose 31,6-8; Psalm 23; Jesaja 40,11

L. **Gott ist geduldig**
   Jesaja 30,18; 1. Mose 18,20-33

M. **Gott verändert sich nicht und Er kann nicht lügen**
   Hebräer 6,17-18 und 13,8; Psalm 89,34

N. Gott ist ewig
1. Timotheus 1,17; Jesaja 40,28; Psalm 90,2

O. Alles gehört Gott und kommt von Gott
1. Chronik 29,11-16

P. Gott vermag alles
Epheser 3,20; Psalm 78,19-20; Hebräer 7,25; 2. Timotheus 1,12;

Q. Abba, Vater (Papa)
Markus 14,36; Römer 8,15; Galater 4,6

R. Gott ist treu
5. Mose 7,9 – Gott tut immer was Er sagt, Er hält immer Sein Versprechen – Klagelieder 3,23

Weitere Schriftstellen zur Vertiefung: Römer 11,33-36; Psalm 100; Hebräer 12,1-2 und die Fußwaschung in Johannes 13,1-15

Gleichnisse, die den Charakter Gottes offenbaren

Saat und Ernte – Matthäus 13,1-23
Das verlorene Schaf; Münze – Lukas 15,1-32
Arbeiter im Weinberg – Matthäus 20,1-16
Die Hochzeit – Matthäus 22,1-14
Pharisäer und Zöllner – Lukas 18,9-14

Was geschieht, wenn wir Gott nicht kennen: Richter 2,7-11

Abschluss

- Wir sind am Ende dieses Buches angelangt und wollen künftig das Objekt unseres Herzens gut im Auge behalten.
- Sind wir wie die Hohen Priester, Ältesten, Schriftgelehrten, Judas und Petrus die mit allem möglichen beschäftigt waren nur nicht mit Jesus? Oder sind wir wie die Frau mit dem Alabasterfläschchen die völlig erfüllt war mit dem Objekt ihres Herzens, ihrer Seele: Jesus?

„Der Glaube ist die Behauptung einer Möglichkeit gegen alle Wahrscheinlichkeiten, trotz gegenteiliger Behauptung aus unseren Lebenserfahrungen oder der Realität in der Welt und ständig im Kampf gegen Versuchungen **(Markus 9,23)**. *Worin unterscheidet sich der Glaube von einer Täuschung der jeden Fels der Realität zerbricht? Es ist kein Glaube der einfach nebulös ins Leere verschwindet, sondern einer, der fest auf Jesus Christus vertraut. Solch ein Glaube hat nichts anderes als Jesus Christus im Zentrum inmitten einer Welt, die all unsere Hoffnung und Ehrfurcht vor Gott verspottet. Er macht sich mit aller Kraft an Jesus Christus fest und wenn die dämonische Kraft des Sturmes übermächtig zu werden droht, dann werden die letzten Ressourcen der menschlichen Natur laut rufen: „Herr, ich glaube, hilf meinem Unglauben!"* **(Markus 9,24)**
(nach E. Stauffer)